懂得，是最好的爱

DONGDE, SHI ZUIHAODEAI

李跃儿 著

长江出版传媒
长江文艺出版社

图书在版编目（CIP）数据

懂得，是最好的爱 / 李跃儿著. -- 武汉 : 长江文艺出版社，2015.4
（大教育书系）
ISBN 978-7-5354-7781-1

Ⅰ. ①懂… Ⅱ. ①李… Ⅲ. ①儿童心理学②儿童教育—家庭教育 Ⅳ. ①B844.1②G78

中国版本图书馆 CIP 数据核字(2014)第 297133 号

责任编辑：程华清　　　　责任校对：陈　琪
封面设计：异一设计　　　　责任印制：左　怡　邱　莉

出版：长江出版传媒　长江文艺出版社
地址：武汉市雄楚大街 268 号　　邮编：430070
发行：长江文艺出版社
电话：027—87679360
http://www.cjlap.com
印刷：湖北知音印刷厂

开本：720 毫米×1020 毫米　1/16　　印张：18.875　　插页：1 页
版次：2015 年 4 月第 1 版　　2015 年 4 月第 1 次印刷
字数：198 千字

定价：29.80 元

用大众立场看大家作品

——长江文艺出版社《大教育书系》序言

教育是世界上最特别最奇妙最千变万化的事情。

世界上任何变化，政治的，经济的，社会的，科技的……桩桩件件，都会发生蝴蝶效应，都会对教育产生这样那样的影响。所以，教育总在变化着。比如，计算机的出现，网络教学的流行，未来的课堂教学模式将发生根本的变革。当粉笔距离我们的讲台渐行渐远，未来的纸质书籍的阅读是否也会逐步让位于电子书籍？甚至，翻译机器可以完成基本的交流沟通时，语言教学是否也可能变得不再重要？这些已经发生的、即将发生的、可能发生的改变，让我们的明天变得不可预知。

同时，教育也是最坚韧最牢固最不会变化的事情。

万物改变迅捷，人性进化缓慢，教育因此万变不离其宗。所以，古今中外，人同此心，心同此理，人的身心发展的特点，人的学习与成长的过程，有着普遍规律可循。所以，无论我们读两千多年前的《论语》、《学记》，还是读近百年来的杜威、苏霍姆林斯基，总觉得是那么亲切，离我们今天的教育是那么近。所以，我们只需稍稍去芜取精，就能将其中的绝大部分原理再度运用于教育教学实践，就会发现这些原理依然生命常青。也正是这个原因，百年来中外教育家的杰出著作，仍然活在当下，仍然对我们的教育具有重要的作用。

长江文艺出版社的这套《大教育书系》，正是围绕后者而努力。

最初看到《大教育书系》的选题策划，是在年初的湖北出版集团的选题论证会上。坦率地说，当时的感觉不是很好。认为主题不够突出，选择人物看不出逻辑，选择标准不够清晰，而且大部分书是重新出版。

后来长江文艺出版社总编尹志勇来信告诉我，其实，“大教育书系”有自己的主题和逻辑。之所以命名为“大教育”，首先是选择教育家的范围之大。书系将遴选从近代到当代的中外教育名家的代表性著作或新作，梳理中外现代教育的发展轨迹，并展示近一个世纪以来的教育所取得的成果。其次是读者群体之大。书系针对不同的读者群，主要有三个方向：一是针对中小学老师的教师培训，阐述现代教育理念，解决教育实践中面临的具体问题，培养优秀教师。二是针对父母的家庭教育，用现代的教育观念和手段影响父母，使父母成为教育体系中的重要且有效的环节，培育青少年的健康成长与全面发展。三是针对中小学生以及学前儿童的学生教育，帮助学生提高学习效率，学会交往合作，学做现代公民。一句话，是用大众立场看大家作品。

至于选择的标准，他们提出了三条原则：一是作者具有足够影响力。所选作者应该是国内外被公认的教育名家，产生过广泛而深远的影响。比如陶行知、陈鹤琴、蒙台梭利等。二是突出实践性。所选作品能够深入浅出，具有可操作性，在作品风格方面，力求通俗化、大众化，做到理论与实践的有机统一。三是强调创新性。在遴选经典的同时，也推出当代在教育理论或实践方面有一定建树、观点新锐、富有探索精神且得到公众认可的作品。

所以，虽然我在这作序之时，尚无法看到书系的全貌，也无法估计书系的最终体量，但是能够感觉到出版方用心良苦，感觉到他们的宏大愿景。大浪淘沙，那些真正能够不断被人们捧起的书籍，总是有其强大的生命力的，总能冲破时间与空间的束缚到达我们的手中，抵达我们的心中。倘若教师、父母、孩子三方真正缔结为教育的同盟军，那时教育势必突破困局，得以成长壮大，成为现实生活中的真正大教育了。祝贺大教育书系诞生，更期盼现实大教育的来临。

是为序。

朱永新

2013 年 6 月 6 日

目录
CONTENTS

【第一章】
认识我们的孩子

十月怀胎是个伴随着幸福与企盼的过程，年轻的爸爸妈妈们总是满怀着期待和喜悦盼望着肚子里的胎儿顺利出生，然后悉心地呵护、教育，让他（她）成长为一个健康聪明的孩子。但随着孩子一天天长大，一些父母却越来越感到迷茫，他们不明白——一直被自己认为的正确的教育方式为什么会出现不理想的结果？

如果想让自己的教育得到理想的结果，父母必须先做两件事：

第一件：去了解——什么是孩子？

第二件：去了解——什么是教育？

“天使”降临人间

从精子与卵子相遇到最终孕育为人，这个过程伟大而神秘。

经过 9 个月孕期，婴儿终于呱呱坠地。这个婴儿浑浑噩噩，好像什么都不会——不会爬行，不会走路，不会喊爸爸妈妈，甚至不知道自己的存在，更不会使用自己的肢体，只会哇哇哭叫。父母只能通过婴儿哭的声音去猜孩子需要什么。

人为什么要花费那么长的时间才能学会基本的生存技能呢？而且，在基本生存满足的同时，孩子的成长是不是还有一个我们看不见的精神系统呢？而这个系统是不是有自己的密码呢？

了解世界，从探索家庭开始

我们管家庭叫做孩子的精神子宫，人类的精神将在这里孕育。

孩子出生后最重要的生命任务就是发展，发展又从探索这个世界开始。孩子的世界以家庭为核心，如果家庭中的成人热爱并了解孩子，孩子就会受成长密码的指引，不断以自己的方式探索周围的一切，他们会把自己全部的精神投入到探索之中，这样他们的探索欲望就会得到满足，满足孩子的探索需要就是帮助孩子获得良好的发展。反之，探索欲望就会萎缩，发展也就无从谈起。

孩子的体内承载着一个精神发展的计划，完成这个计划需要具备以下三个特质。

第一节　孩子精力无限的秘密——孩子的成长特征：吸收力

孩子出生后，虽然不像其他动物那样立即会爬会走，但大自然赋予了他们另一项宝贵的本领——学习。孩子拥有一种不自知的巨大力量，只要醒着，就会一刻不停地动。如果成人强行制止他们，孩子就会感到痛苦甚至会抗拒。有的成人会对孩子的这种疯狂玩耍的状态感到恐慌。

有位妈妈为此找专家咨询：说她的宝宝从早到晚一刻不停地在动，她常常都累得不行了，宝宝还是不肯停下，如果让他去睡，孩子就会大发脾气，哭闹着不肯上床。这位妈妈怀疑孩子是不是得了睡眠恐惧症，不然为什么这样抗拒睡觉呢？

其实，很多人在生了孩子之后，并不了解孩子的发展特征。

人类有着与生俱来的不可知力量，用来帮助发展和探索，只不过这种探索，就是蒙特梭利所说的吸收。孩子天生具有吸收的特质，成人看到的孩子的玩耍就是孩子的吸收过程，这种吸收就是学习。

如果理解了这一点，也就从一个方面理解了孩子。每个孩子的体内都承载着他的成长密码，运动能使他的生命密码更好地展开，这种展开就是发展。

如果成人不理解以上内容，认识不到运动和玩耍对于孩子的重要意义，就会不适当地干预孩子，打断他们正在做的事情，强行让他们按照成人的方式学习成人认为有用的内容。这样做就等于破坏了大自然赋予孩子的权利，破坏了孩子成长的自然法则。

一件在成人看来司空见惯的事，对孩子来说可能就是一个伟大的转折。如：站着走路，对成人来说是非常自然的事情，但一个宝宝突然站起来摇晃着他们的小身体走了一步，对孩子来说就是历史性的转折。

精神的发展也是一样，一个孩子突然发现一只鞋子扔进一个垃圾桶后就不见了，于是孩子从这天起就不断地往垃圾桶里扔进各种各样的东西，这就像孩子迈出第一步一样伟大，因为孩子从这一天起发现了空间。

每一个孩子都是一个全领域的探索者。他们不自觉地、无意识地从环境中探索着、吸收着、学习着，在这样的过程中，他们会自然地使用感官、大脑以及肢体，这使孩子的感受能力、思考能力和肢体操作等能力慢慢得到增强，身体的发育和大脑的发育合二为一，发展出一个有自我精神特质的物质体，这才能算做人。

慢慢地，孩子就能意识到自己正在做的事情，并能够有意识地设计自己的行为程序，评价行为导致的结果。

之后，人的意识部分逐渐开始觉醒，他开始评价自己的行为和他人行为的差别，自己行为的意义，自己的需求，他的心理也逐渐成熟，人格也在不断完善。

第二节 “妈妈，你走开！”——孩子的成长特征：敏感性

除吸收力之外，孩子从一出生还拥有另一个伟大的特质——敏感性。

由于孩子对这个世界的强烈好奇，他们对事物非常敏感，当他们被一种事物所吸引，就会像着了魔一样的专注于那项事物。在纷杂的环境中，孩子会非常专注地把自己的注意力投射在自己所喜爱的那项事物中，那项事物在一段时间里会一直成为孩子的兴奋点。在什么时间热爱什么样的事物，不是由孩子的自我意识决定的，而是由他们的天然精神计划决定的。

孩子专注于一项事物，不会轻易见异思迁，他们会将全部的内在力量和注意力集中到探索之中。也正是因为这样，孩子才能够深入地掌握事物的特性，将表象遗留在大脑之中，并与大脑一起成熟。

专注能使他们深入地探索这个世界的每一项事物。而专注的力量，来自于先天的敏感性。

有一个叫臭臭的男孩子，在好几年的时间里对火车非常着迷，他的妈妈将这个过程细致地记录了下来，并发表在网上。下面摘录其中

的几个细节。在这个例子中，臭臭显示出了典型的孩子敏感性特征。

妈妈，你走开！

臭臭是小火车迷，几乎天天都要上火车站看火车，离我们比较近的是一个废弃的客运站。那里有6道轨，站台很宽敞很干净，这个夏天，我们傍晚大部分的时光都是在那里度过的。

坐在站台上，看火车呼啸而过，看夕阳西下，彩霞满天，夜幕降临，月上枝头，清风微拂。母子俩盘腿而坐，幸福得不行。

后来发展到带上晚饭到车站享用，火车司机和车站工作人员常常很感兴趣地跟我们聊天。臭臭说："在这里吃饭，太棒了！"在这里，他甚至连含饭的现象都没有出现过。

车站还有个约三层楼高的天桥，从站台可以顺着楼梯上去，楼梯两边上各有一条约30公分宽的斜坡，方便推车上下。我们常常爬上去，俯视火车飞驰。

一天，我们在下面吃晚饭，臭臭摸摸肚子表示"妈妈我饱了"，自己又喝点水，就往天桥去了。我还在吃，他已顺着斜坡扶着封闭式的栏杆开始往上走，我刚想跟上去，他回头斩钉截铁地告诉我："妈妈，你走开！"浑身散发着一种强烈的意志力量。说实话，我有点儿担心，那毕竟有点儿高啊。那一刻，我想到，这何尝不是对我的考验，我揪着心，在下面偷偷看着他小小的身影一步一步地往上走。终于到顶了，他扶着栏杆直视远方，大有一副指点河山的气势，那么沉稳，那么坚定。我又一次见识了孩子的力量。

铁桥在震动

应臭臭的要求，我们放学直奔铁桥而去。顾名思义，这桥全部是铁架结构，桥板是石头铺就的。中间通行火车，两边各有一米宽的人行道。横跨柳江，时值初秋，风大得很，站在上面，听得见下面湍急的水流声。

因为没预料到风这么大，我们没带长袖衣服。书包里是臭臭带到幼儿园的衣服，全部是短袖，短裤。我急中生智，套一件背心在臭臭的短袖上面，两条短裤，各拿一条裤腿，用橡皮筋捆紧在一起，剩下的两只分别套住手臂，一件长袖就做好了。还有一条短裤，倒过来套住腿，用安全别针固定在原来穿着的短裤上，长裤也有了。毛巾一扎，帽子也有了。全副武装起来。

这么怪异的装束引来无数路人的眼光，回头率超过200%。臭臭美得不行："妈妈！看！我是蝙蝠侠！"

要不是桥高风大，我一定会笑得趴在地上。

当当当！预告声过后，（刚刚我才知道，这个声音是火车通过，关闭铁道口的声音。）火车呼啸而来，臭臭眼睛直直盯着火车，一往情深的标准形象，感受着铁桥的震动。

累计看了三趟列车，因担心安全问题，我们才依依不舍地离去。

晚上躺在床上，臭臭告诉我："妈妈！火车开过，铁桥震动得很厉害哦。"

"自行车过，会不会震动？"

沉默片刻后回答："不会！自行车太轻！"

"那火车停在桥上，桥会不会震动？"

他沉默的时间是刚才的一倍，"不会！"他非常自信地回答，显然经过思考。

"为什么？"这个臭妈非要问到底。

"你看！"他在床上跑，"震动吧？"

然后停下来："妈妈，你看，不震了。"

这个推理太令我难以置信了，我抱起他狠狠亲了一口："你的判断完全正确！妈妈为你的推断能力骄傲！"

真的有理由骄傲，因为孩子对事物的感知已经有了质的飞跃，让我们来看看他为了达到这个结论所做的努力吧。

观察火车经过铁桥，铁桥在震动，得到结论：铁桥震动的原因是火车经过。

他没看见自行车经过铁桥，在头脑里模拟自行车经过铁桥的情景，这就是内化，内化的动作是思想上的动作而不是具体的躯体动作。内化的产生是孩子智力的重大进步。经过运算，他判断：自行车经过时，铁桥不震动。基于对火车和自行车某些特质的提取，他提取的是重量，而不是长度、颜色、功能等等，也就是说，他能够根据需要提取物质的某些特征进行比较，这个需要就是铁桥震动的原因：有一定的重量的物质。

同样，他在判断火车运行和静止时对铁桥的影响，也经过了以上的心理运算，这一次，他提取的是同一物质的不同特征，运动和静止。依据是铁桥震动的原因：运动的物质。

这是智力的一大发展，我们并没有教他什么，是他自己顺应自然的发展，这就是我那么激动、那么骄傲的原因。

孩子的发展有时出乎我们的意料，他仿佛有强大的力量在指引着他的自我教育和发展，我只能说：崇敬！

“火车迷”圆梦

作为超级火车迷，北京有个地方不得不去，那就是中国铁道博物馆。

幼儿园善解人意地安排了参观中国铁道博物馆的活动，令我们非常感动。

臭臭被对火车的渴望鼓动着，早早就起床自己洗脸刷牙，像真正的列车长一般，浑身充满了力量。

到了铁道博物馆，我自告奋勇给孩子们解说车厢，最终发现真感兴趣的孩子并不多，于是，我和臭臭决定我们娘儿俩自导自游。

我们特别爱蒸汽机车，那么壮实那么巨大那么充满力量，嗷嗷地拖着浓浓蒸汽云在平原上呼啸驰骋，背后是金色阳光。哇！这才是真正的火车啊！

于是我和臭臭面对蒸汽机车顶礼膜拜，四只眼睛冒着奇异的光芒，两张嘴呈现完美O形，就差挂两条晶莹的口水啦。还不时“啊啊呀呀”地摇头感叹，抚摸着连杆什么的。

事实证明，远祖的攀爬技能是必要的，我们爬上每一辆火车头，每一节车厢，摆弄那些机关，听臭臭介绍其功能：“呵！那加煤口那么大啊，假装加煤的是我，列车长威风凛凛地开车哪!”

老师和其他孩子们已经在休息和用中餐了，我们目不斜视，施施然而过，继续研究0号机车、窄轨机车、卧铺车去了。

直到全部看完，我们才坐下来吃中餐，臭臭的小眼睛却还盯着机车，无限向往着。那里卖的火车实在太贵，我们商量好买一张中国火车光盘和三套明信片就可以了。

感谢老师们没有打扰我们，让我们得以自由自在地体验火车带给我们的震撼、欣喜！感谢他们给我们这么个机会，圆了火车迷的梦！

…………

臭臭在好奇的驱动下，长久地研究火车，由此获得的知识也许对他将来的学习没有什么用处，但在这个过程中成长起来的专注力、感受力、思考力、意志力等，却将是他将来赖以生存的基础。

这个案例说明，只要有了执着的热爱，孩子便会全身心地投入，并不懈地探索和研究，从而到达生命成长的精神目标。

第三节 “没钱买裤头”——孩子的成长特征：阶段性

孩子在成长方面还具有这个世界上任何一种生物都有的特征：

阶段性。

一粒种子埋到土里，无法在人们的注视中立刻发芽。发芽出土之后，多少天抽叶、多少天开花、多少天结果、多少天成熟，都有一个事先预定好的时间程序，这个程序不会由人为力量来改变，如果被改变了，就会导致被改变者品质的下降。

人类的成长如同果实，必须经历一个从青涩到成熟的自然过程，这个过程不能用催化方式进行。培养孩子一定要顺应自然，顺应自然就是顺应人的成长规律。父母千万不要人为地使孩子超越自然的成长阶段，因为孩子在没有发展到某个成熟阶段时，对事物的理解就不会达到应有的理解水平。

比如：一个炎热的夏天，人们聚集在河中乘凉和游泳，其中一些人在裸泳。一位妈妈带着九岁的儿子向河边走去，这时，跑过来一个十二岁的男孩，他兴奋而神秘地告诉九岁男孩：有人在光着屁股游泳！说完，便快速跑去观看。

这位妈妈猜想：那个男孩可能是躲在某个隐秘的地方偷看那些人的光屁股，偷看时可能感到很刺激。想到这里，她回头看看自己的儿子，发现他不但不感到兴奋，反而很迷茫地看着河边。看了一会儿，对妈妈说："妈妈，他们没钱买裤头吗?"

我们从这个案例中发现，在心理水平上，十二岁的男孩要比九岁男孩成熟许多，他已能理解在公众场合裸体意味着什么，并带有性的神秘和兴奋，而同样的问题到了九岁男孩那里，就理解为"没钱买裤头"。

有没有一种方法，让九岁的男孩达到十二岁男孩的水准？没有。

有没有必要，非得让九岁男孩达到十二岁男孩的水准？没有。

如果我们非要让九岁男孩达到十二岁男孩的水准，方法只有一个——就是教：讲解为什么不能在人群中裸体，讲解在人群中裸体应该感到羞耻，等等。让孩子通过背诵和记忆知道关于当众裸体在成人看来是什么概念，孩子记住了成人的教导，但他的内心无法产生十二岁男孩那种丰富神秘的感受。

很多人有着这样的教育观，就是把概念灌输给孩子，而不是让孩子在适合他的年龄段去体验和感受，使得我们的孩子苦学多年，仍然不能利用他们所学到的知识很好地生存。孩子的内心依旧空空如也，在心理发展上把这种情况叫心理的不成熟。

有这样一则很多人都了解的案例：

上个世纪七十年代末，有个叫宁铂的孩子，他两岁半时就能背诵 30 多首毛泽东诗词，3 岁时能数 100 个数，4 岁学会 400 多个汉字，5 岁上学，6 岁开始学习《中医学概论》和使用中草药，8 岁能下围棋并熟读《水浒传》。1978 年，中国科技大学成立了中国第一个大学少年班，13 岁的宁铂被录取了。几乎一夜之间，这个戴眼镜的神奇少年成为人所共知的神童。

这个超乎寻常的“神童”刺激了望子成龙的家长们，促使他们向自己的孩子施加压力。相当多的孩子因此第一次意识到自己多么平凡无奇。一些受到激励的孩子效仿宁铂，开始超前学习并跳级，另一些孩子则倍感压力。

几十年过去了，宁铂早已失去了神童的光环，反而陷入痛苦并不能自拔，最后出家为僧，完全脱离了使他出名的俗世。他不断站出来现身说法，强调塑造神童对孩子成长的危害，虽然不是所有的神童都有如此的结果，但至少人为的神童容易出现我们不愿意看到的问题。

第四节　孩子精神成长所需要的环境

人类从出生那天起就开始学习了，学习的过程就是精神成长的过程。学习需要一个完善的环境，它包括：可供孩子研究的基本物质和被孩子无限热爱的成人。

丰富的物质环境

孩子早期的研究是通过感觉器官进行的，即用口、手、腿、耳朵、眼睛、鼻子感受，感受之后，物质的表象就会遗留在大脑之中。孩子感受得越多，大脑中积存的表象也就越多，表象是思维的材料。孩子的思维，必须在积累了足够的事物表象之后才能发展完善。

许多父母将玩具当作促进孩子发展的工具而不断购买，他们固执地认为：孩子就应该玩玩具，而家中的物品则属于成人。这实在是一个天大的误区。

事实上，我们发现孩子常常会放弃自己的玩具转而抢夺生活用品。每当这时，成人就会因为担心物品被孩子弄坏，或者弄伤孩子而强行阻拦，受到阻拦的孩子会因此痛苦，长久地阻拦还会导致孩子失去探索的兴趣，从而他们使用肢体的能力就会下降，很多成人描述自己的孩子长到五六岁的时候动作很慢，上学以后写不完老师布置的作业，可能都是这些原因造成的。

成人应该在孩子早期尽可能为他多提供接触物质的机会，提供的越多，接触的越多，孩子大脑中积累的信息也就越多。如果不断地阻止他们接触物质，就会造成孩子大脑的空白状态。所以，成人要有意识地为孩子精心准备每个发展阶段所需要的工作材料，把家庭中能贡献的物品都贡献给他，让他在发展中自由地使用。

曾有个叫朱朱的孩子被送到我们的孩子之家，他被医院确诊为重度多动症和中度孤独症。他有一个奇怪的行为：只要见到戴着眼镜的女士，都会冲过去从对方脸上摘下眼镜扔在地上用脚踩碎；见到任何厨房用品，比如醋瓶、油壶或酱油瓶，不是扔在地上打碎，就是将里面的液体倒出来，动作快得像闪电。

后来我们了解到，在朱朱一岁多时，曾对妈妈的眼镜发生了兴趣，总想抓在手里，但每一次尝试都被妈妈阻止了。于是朱朱更加卖力地去抓，妈妈更加坚定地阻止。每一次尝试的失败都使朱朱大哭。后来，他渐渐发展出了保护自己所得成果的智慧——一旦拿到，便立即毁坏，好像只有这样，才不会被别人抢走。

我们看到，朱朱的探索行为由于无法被成人理解而不断被阻止，最终演变为心理问题。

了解了这些情况之后，我们专门为朱朱买了许多的廉价眼镜，分发给每一位老师，朱朱抢一副老师再戴一副，也给朱朱一些，他想砸就砸，砸完了再给他。一段时间后，朱朱不再对眼镜感兴趣了，抢别人眼镜的毛病也随之消失。

朱朱虽然在六岁的时候如愿以偿地获得了许多眼镜，但这些眼镜无法代替他一岁时想要的那副。他已经过了那个敏感期，不会再用整个灵魂去探索去研究这些眼镜了，这时候的眼镜，对他来说只是一种心理上的补偿。

通过模仿来学习成人的行为是孩子的本能。朱朱对厨房用品的好奇就是这样。那时，朱朱对姥姥在厨房做饭的事情极为好奇，每当姥姥做饭时，他都要想办法到厨房去探索那些厨房用具。姥姥怕孩子受伤，坚决阻拦。后来，全家人想出一个一劳永逸的“好办法”——找木匠做了个木头栅栏挡在厨房的门口！这样，姥姥既可以安心做饭，又可以监控孩子。朱朱在外面无助地哭泣着，一次次努力却都被栅栏挡住……巨大的精神折磨最终造成他的行为问题。

一个孩子如果到了六岁仍然对身边的基本生活物品抱有巨大好奇心的话，就无法进行更高层次的精神活动，更无法专心读书学习。孩子在接受了家庭生活的物质部分而形成自己的智力内涵之后，才有可能发展起更高层次的精神活动。

再强调一下：这里所说的“孩子精神成长需要丰富的环境”，包括成人的生活用品，请成人将这些物品奉献给孩子吧！

和睦的家庭环境

人们一旦发现某个孩子的某些行为很像他的爸爸或妈妈，会认为是来自遗传。实际情况是，遗传加吸收，才构成了人的精神模式，进而影响到他的行为。由于孩子对父母的爱，使他们吸收了父母的特质。孩子的精神部分如生活习惯、兴趣爱好、人格审美、行为举止等等，大都来自于对家庭成员的吸收。所以，成人一定要时刻注意自己在孩子面前的言行，以免不良部分被他们吸收。

一个不被爱的孩子是无法健康成长的，而爱的质量，决定着孩子的成长质量。什么是有质量的爱，这是每个成人必须思考的问题，也是我们下面要谈的话题。

懂得孩子的养育者

一个孩子出生后，身边所有的成人都会成为自然的教育者。由于每个人的文化积淀、人格状态、心理历程不同，教育观念和对待孩子的方式也会不同。但是，孩子的成长又需要接受清晰、统一的评价信息，否则，就会因为无所适从而造成认知混乱，无法形成完整的人格状态。所以，即便是孩子周围的成人非常爱他，但如果不能很好地感受和理解孩子，也会给孩子的成长带来损害。

成成是一个两岁男孩，由妈妈陪着度过幼儿园的适应期，刚到幼儿园，成成就头顶着一只小圆凳在院内奔跑起来。他的妈妈很怕他摔倒，跟在身后大喊："慢点啊，小心摔倒了！"这些语言对成成丝毫不起作用。

他跑到一堆由干土块堆成的土堆前，蹲下，取下头上的凳子，让凳腿朝天，抓起一块直径大约十厘米左右的土块往凳腿里装。妈妈很是着急，嘴里嘀咕："唉，那样大的土块怎么能装进去呢？"说着便要上去纠正，这时，老师把成成妈妈拉住了。

老师悄声说："你别着急，下一步，成成会把大土块放在一旁，去拿小一点的往凳腿里装。要是装不进去，还会找更小的。"

话音刚落，成成真的将大土块放在一边，拿起小土块。这个土块也大了点，被他扔掉了，拿起更小的——整个过程与老师所说如出一辙。

成成的妈妈吃惊地瞪着老师，说："你是怎么知道的？"

老师说："这就是孩子的工作，他在研究。"

过了一会儿，妈妈站了起来，想走到成成那边去，老师示意她不要打扰孩子的工作，她着急地说："可是……他蹲了那么长时间，腿多酸啊。"

老师说："腿酸了他会想办法。"刚说完，成成扑通跪在地上。

妈妈担心地说："天哪，水泥地多硬啊，会把腿跪疼的。"

老师说："请相信你的儿子，如果腿疼，他会想办法的。"刚说完，成成一屁股坐了下来。

妈妈着急了："天哪，太脏了，不能……"她正要上前又被老师拉住了。

这时，成成终于找到了一个恰好能装进凳腿的土块，那神情就像做成功了一项科学实验的科学家一样。在成功的鼓舞之下，他工作得更卖力——将那些实验失败的土块全部推开，挑选比凳腿直径小的土块。再之后，他对土块不满足了，用手拢集土块下面的沙土，一把一把往里装。

往凳腿里装土块的过程，让成成发现了物体大小与凳子空间的关系，这就是孩子的学习。要是老师不阻止这位不懂孩子的妈妈，她极有可能因为担心玩土很脏而将孩子拉开，如果这样，孩子就会失去一次发展自己的机会。即便不拉开，只任其不断干扰这一项，也会降低探索的质量。长此以往，孩子就很难建构起将来学习文化课所需要的意志力、思维能力以及持续工作的能力，孩子甚至还会因此心理紊乱，变得焦虑和多动。

认识了孩子的天然特质，我们就会明白，养育孩子就像农民种庄稼一样——只有了解庄稼的特性和生长规律，才能获得好的收成。才会给予孩子真正需要的有质量的爱。

【第二章】

孩子与教育

第一节　孩子属于大自然

在孩子发展研究领域，无论是哪个流派，都认为孩子在六岁之前是属于大自然的。意思是他们跟世间万物一样，有苍天给他们的发展蓝图。

这个蓝图到底是什么呢?

研究者们发现，在孩子大脑还未发育成熟的时候，他们是用身体学习和探索的，探索身边能引起他们注意的所有事物，这时看上去他们在不停地玩，我们管这一时期叫探索游戏时期。

再大一点，他们的大脑成熟了许多，他们通过感觉器官为大脑积累起丰富的信息，他们开始把越来越多的时间用来研究怎样利用刚刚探索过的事物。由于他们的生活阅历还不丰富，对自己探索的事物的利用不够充分，但比较突出的是对真实事物进行孩子版的改造，这可能就是童话的来源。人们以为这是孩子的想象能力，其实这是孩子用他们的思想在解释这个世界。

仔细倾听孩子的童话会发现和成人给孩子写的童话完全不一样，孩子的童话更加具有生活的真实性，更加轻松、朴实、美丽。我们管这一时期叫象征游戏时期。

再大一点，孩子通过跟人类共同生活，通过几年来不断地努力工作，更加了解在他们生活的范围内的这个世界了，但他们还得继续了解人，他们得通过他人的外表了解他人的感受、意图、信念。

他们要了解不同的人身体的象征性符号，了解这些象征符号说明的内在精神是什么。也就是群体生活的练习过程，我们管这一时期叫作规则游戏时期。

孩子在一岁之内就形成了可以在以后处理环境信息的心智系统，并在以后的探索学习中不断改革和丰富这个系统。如果在六岁之前，孩子没有建立起来可以处理信息的系统，或系统过于简单，他们就无法处理将来学习和生存环境中的信息，就会出现所谓的不适应现象。

在芭学园的亲子班，经常会有一些心智系统出现问题的孩子。通过跟孩子的父母沟通，我们发现年轻的家长们根本不知道自己孩子的发展已经出了严重的问题。许多家长还在期待着他们三岁还不说话的孩子成为爱因斯坦。

因为对孩子的不了解，我们的教育容易出现很多问题。

第二节　以家长为本的教育

大多数人在不记得自己童年经历的情况下，误以为教育就是将成人认为有用的知识和技能直接传授。传授者讲解、演示、提问，被传授者听讲、抄写、回答，之后再通过反问，来检查被传授者是否将教的内容记住了。在这样一种教育模式中，成人决定着教育的内容，处于主导地位，孩子只能被动地接受。

我们不禁要问：这种方式是否就是最好的方式？有没有其他更

好的方式？

一个婴儿，既听不懂别人所说，也不会自我表达，更无法回答成人的问题，甚至连自己脸上的肌肉都不会使用，这时，用上述方式怎样去教？

许多成人认为，若希望孩子将来很好地生存，只需丰富的知识和技能就可以了，这种观念导致许多父母按照某个神童的模式塑造孩子的现象层出不穷。孩子刚刚牙牙学语，就教其认字、背诗、学算术。

有一种蔓延全国的“三年级现象”，是说这类幼儿在小学的第一年大都是班里的尖子，因为很多知识以前都学过了。到了二年级成绩也行，不用功也能取得好成绩。到了三年级有一些孩子就突然感到学习很吃力，因为背会的知识已经用得差不多了，之前的早期开发使得孩子把精力过多地用在了死记硬背上，忽略了大脑工作能力和学习方法的创造，以及学习内在动力的培养。

有一个漂亮女孩被幼儿园小朋友称做“小公主”。小公主出生之前，奶奶天天盼着儿媳能给她生个孙子。出生时，在产房外焦急等待着的奶奶发现是个女孩，一句话没说掉头便走。

受到打击的妈妈发誓要把女儿养育成人见人爱的孩子。四年时间，妈妈每天把孩子打扮得像花朵一样，无论走到哪里，都能引起别人的注意，被人称为小公主。直到有一天，妈妈发现女儿对事物关系的辨别能力要比其他孩子弱许多，对数字的概念竟然还不如一个两岁半的孩子，因为她无法将“四的数字”与“四的数量”配对。

妈妈着急了，她制定出详细的学习计划，每天一遍又一遍地教女儿。一向娇生惯养的小公主怎能承受这样的重压？所以，每次的教学都会在女儿的大哭和母亲的心痛中结束。

无奈之下，妈妈将女儿转到孩子之家，小公主的公主裙被老师脱下，换上普通的衣服。之后，不到两个星期，小公主从一个公主变成了普通人——满嘴脏话，行为粗暴，所有的小朋友和老师都被她打骂遍了。去掉了虚假做作的外壳，她一时无法找到真实的自我，便自然地将以前从周围人身上吸收的不良行为表现出来了。

这是一个典型的“以家长为本”的案例。小公主的妈妈无视孩子的发展规律，以自己的想象和好恶左右孩子的成长轨迹，差一点害了孩子。

美国孩子心理学家格塞尔在1929年做过一个著名的实验。格塞尔选择了一对双生子进行对比研究，在试验之前，他已经肯定双生子的行为发展水平是相当的。在双生子两岁零两个月时，研究人员对双生子A进行爬楼梯、搭积木、运用词汇等训练，而对B则不进行相应训练。这种训练持续了六周，其间A比B更早地显示出某些技能。六周过后，当A能够达到学习爬楼梯的成熟水平时，才对B进行集中训练，发现只用少量的时间，B就达到了A的熟练水平，又经过了两周的训练，A和B的能力已经没有差别了。

研究结果使格塞尔断定，孩子的学习取决于他的生理和心理的成熟程度。如果教育以成人为本，孩子成长的真理就会被忽视，孩子的潜能就会被破坏。

尊重孩子的自然发展规律

人的精神生活在六岁之前是一个形成过程，六岁之后是一个成熟过程，且每个阶段都不尽相同。孩子只有在经历他的生命早已设定好的所有程序之后，才能得出最终的结果。

蝌蚪虽然是青蛙的孩子，但外形与青蛙差别很大。如果青蛙妈妈觉得蝌蚪不像自己，掀起黑皮看看里面是不是绿的，那么所有的蝌蚪都不会变成青蛙。

设想一下，如果人类的宝宝不是在腹中完成物质胚胎的过程，而是像精神胚胎一样，在一个由人类制造的外部的环境中所形成，爸爸妈妈们极有可能每天都会掀开盖子翻看这个正处在形成过程中的宝宝：腿怎么还没长出来呢？眼睛怎么还没睁开呀？是不是该加水了？是不是温度太高了需要拿出来凉一会儿？

事实上，孩子的精神胚胎正在遭受这样的命运。由于精神胚胎必须在母亲的体外形成，所以，其成长程序总是受到种种干预。这样，当孩子的精神还处于胚胎期的时候，就已经体无完肤、伤痕累累了。

有这样一对夫妇，从孩子两岁开始，夫妻俩就开始教他英语，到了三岁又加进德语。三岁半时，奶奶从老家搬来，教孩子上海话；姥姥见了很不服气，便教他闽南话。加上普通话，孩子每天不得不在五种语言中不断地切换。

成人如此的教育终于使这个孩子成了声名远扬的神童。爸爸妈妈受到很大的鼓舞，更加兢兢业业。

有一天，英语课上完，开始上德语课的时候，孩子脸上的肌肉突然开始抽搐，并目光呆滞。妈妈问他话，他无法回答，嘴里发出任何人都听不懂的哇哇声。

医院检查结果是：他的大脑语言区域发生紊乱。

许多父母虽然达不到这个家庭的苛刻程度，但也存在同样的问题。他们共同的特征是，在孩子很小的时候就设定了一个结果：在幼儿园要成什么样，要考上什么样的小学，什么样的中学，什么样的大学，选择什么样的专业等。之后，便开始按照既定的目标训练孩子。

过程并非目标本身，父母心中只有目标，就会对孩子成长过程中的每一个基点都不满意，只有达到目标的那一瞬间才能满意，但这个满意只是短暂的，因为满意之后，下一个目标已在向他们招手，不满意便又开始了。这样，孩子成了父母达到目标的工具。孩子怎么会按照自己应有的生命轨迹去发展呢？

人不是可以用来做实验的动物。成长是一次性的，生命是一次性的。要想让孩子获得良好的成长，达到令家长满意的效果，就必须尊重孩子的自然学习的特质。在他小的时候，不要随意干涉他。不要让他因为学习而感到痛苦，要给孩子生命发展的自由。将他的每一次进步都当作成功，让孩子自然地建立起自尊自信，有能力爱自己爱别人，这样，孩子必将会健康地成长为一个适合于生存的人、一个幸福的人。

第三节　以学校为本的教育

教师在师范学院学习，如果他学习目的只是怎样承担教学的任务，怎样把教学大纲以及书本的内容落实到课堂，那么，在他成为教师之后，其自居形象有可能是一个“知识搬运工”——先将书本知识转移到自己的大脑之中，再将自己大脑中的知识转移到学生的大脑。这类教师是忽视学生内心和精神感受的，他们不会设法利用课堂作为工具为学生建构起属于一个人的基本能力，而只注重完成自己的教学任务，注重怎样去维护作为一个讲授者的形象。

请看下面这个案例：

有一天，孩子之家的晨课是讲故事，主人公是一只爱说话的鹦鹉，听众是一群三岁以下的孩子。故事采用玩偶表演的方式辅助叙述，并事先用各种材料布置一个场景。老师面带微笑，用抑扬顿挫的声音开始了讲述。她把故事讲得像录音带里放出来似的，孩子们也在入神地听着。

“在一片森林里，一群动物每天都在一起快乐地玩耍，它们是小熊、小羊和鹦鹉，还有几只其他的小鸟……”

老师一边讲，一边让玩偶们在绿纱铺成的“草地”上扭动跳跃着。孩子们很快沉入其中，脸上露出享受的笑容。

“过了一会，大老狼来了，扑上去一口吃掉了一只小鸟。再后来，大老狼又来了，又吃掉一只小鸟……”

听到这里，孩子们眼中露出恐惧的神情，有几个年龄小的女孩子眼看着就要哭了。而急于展示故事的老师，却对孩子们的反应浑然不觉。

“再后来，小熊、小羊和鹦鹉一起商量怎么办，它们想出了一个办法，就是挖一个陷阱，把大老狼陷进去，使它无法伤害小鸟。陷阱很快挖好了，大家知道鹦鹉有多嘴的毛病，所以告诉它不要乱说话。过了一会儿，大老狼又来了，这时鹦鹉忍也忍不住，突然大叫：‘啊哈，大老狼就要掉到陷阱里了！’大老狼一听，马上改变路线，陷阱计划便告失败。小羊和小熊非常生气，从此不再和鹦鹉玩耍。”

故事结束了。老师补充道：“小朋友们，鹦鹉是一种多嘴的鸟，人人都不喜欢，大家可不能学它的样子呀！”

我们可以想见，孩子们听了这个故事以后，小小的心灵在承受挫折感的同时，还要担心自己会成为多嘴的鹦鹉。

老师在讲这个故事的时候，显然是以老师为本的——心里所想的，是作为老师的她怎样通过这个故事去教育孩子。为了让教育更具威慑力，她极力夸大鹦鹉的错误，并使其受到双重惩罚：既要受良心的谴责，又要被群体抛弃。

她的讲述所造成的后果只有一个，就是使孩子受到严重恐吓，使他们从此不敢再做成人认为错误的事情。这位老师不是帮助孩子懂得“应该如何去做”，只是向他们传达“不要这样去做”。

第二天，另一位老师重新讲了这个故事：大老狼刚要吃小鸟，小鸟就逃走了，它只能失望地坐在树下大发脾气。为了不让大老狼侵害小鸟，大家共同制造了一个陷阱，但因鹦鹉的多嘴，导致计划失败。鹦鹉非常后悔，真诚地向大家道歉，保证下次一定要等到大老狼掉进陷阱之后再喊。大家原谅了鹦鹉，重新商量对策。

讲到这里，老师停下来，和小朋友们一起讨论：陷阱不能用了，还有什么办法对付老狼？有人说：让它从滑梯上滑下来摔死；有人说：在地上倒很多油，让大老狼滑倒，然后抓住它；有人说：用火烧它……孩子们热烈地讨论着，每个人都乐在其中。

最后，老师用玩偶将孩子们提出的所有方案都演示了一遍，故事在一片笑声中结束。孩子们得意地发现，大老狼是被他们想出的办法制服的，因而非常开心，大家齐声喊“耶——”为自己的成功欢呼。

这位老师不但重新设计了故事，使其不会给孩子造成伤害，而且还为他们留出了解决问题的空间，为他们创造了解决问题的平台。让故事作为刺激，使孩子们有机会将已有的经验重新组织，运用到新的冲突中去，经历了一个由体验到思考的过程。

前一位老师，是整个故事的控制者，孩子们只能被动地接受；后一位老师却通过故事让孩子获得了成长，这就是以孩子为本的教育。

僵化的课堂会扼杀孩子的潜能

以孩子为本的教育是将课堂当作孩子的体验场所，课堂的所有元素都围绕着孩子旋转。而以课堂为本的教育正好相反——使课堂成为一个固定的模式，活动的人只能被框进这个一成不变的模式之中；模式最重要，人是次要的；人被模式塑造，成为一种样子；凡符合这个模式的，是好孩子，凡不符合者，就是坏孩子……那些被这种教育定性为“坏孩子”的孩子，只能在淘气和挫败的夹缝中喘息，直至彻底否定自己。

有个四岁男孩在家时极其专注，能够持续一两个小时做同一件事情。可到了幼儿园，就像换了个人，成了让老师头疼的学生。原因是，他总在老师没有要求发言的时候忍不住说出自己的观点，引得所有小朋友都要说话，因此老师要不断地维持秩序。为了全班的纪律，他的座位被老师挪到了墙角，并要求他在没有要求发言时绝对不可以说话。此后，这个男孩一到上课时便将头抵在墙上，不停地玩自己的衣扣和指甲。再之后，他便不想去幼儿园了。

这个问题的产生，原因不在于孩子而在于课堂。如果课堂不能满足一个孩子的发展需求，他的内心就会拒绝这个课堂。四岁是一个关注和认知成人精神特质的时期，一旦发现了感兴趣的事物或话题，就会产生一系列的想法，并迫不及待地将这些想法说出来与他人分享。这是人类早期最珍贵的品质之一。老师应该做的，是保护这种品质，使之不受挫伤，并设法激发孩子表达自我的动机，时时处处地为他创造表达的机会。

课堂因为某个孩子的发言变得如此活跃，孩子们因为其中一个发言引得都想发言，这是一件多么令人喜悦的事情啊，老师应该高兴才是。遗憾的是，这个以课堂为本的老师并未认识到这一点，她以自己对课堂的理解，扼杀了孩子自我表达的愿望，剥夺了孩子发展的机会，让那些恰好需要发展表达能力的孩子闭嘴，去听一个已经发展成熟的成人的表达。

僵化的、一成不变的课堂会扼杀孩子潜能，剥夺孩子的发展机会。

成绩好坏绝不是衡量孩子的标准

在以学校教育为“唯一”的模式中，学校对孩子的评价标准成为唯一的评价标准，如果学习成绩不好，这个孩子就会成为一个差生。这种模式很难为孩子建构起一个人生存所需要的立体能力。而全方位的立体能力是在多种营养构成的土壤中形成的。

十五岁男孩周凯在一所封闭式中学读书，有一天，他的爸爸去找到一位老师，进门第一句话就是："我儿子得了自闭症，帮帮我吧。"

他说儿子在学校从不跟别人来往，在家里总是横行霸道，作为父母，他们实在没办法了，再这样下去，非出人命不可了。

老师约周凯见面，孩子一进门，连说了三次"你好"，然后微笑着坐在老师对面。经过三个小时的长谈，老师了解到：这个男孩的理想是当演员和写小说，但他的学习成绩很糟糕，常常是班里倒数第一，学校劝他退学。

老师开玩笑地问周凯："在这种时候，你是不是要拿着菜刀去追你爸呢？"这样问，只是想搞清——面前这个阳光灿烂的男孩，在家会不会是另外一种样子。

周凯的回答令老师吃惊，他笑了笑，说："你说反了，是我爸拿菜刀追我。"

老师以为他在编故事，随口问了一句，怎么正好有菜刀出现呢？周凯看出老师的疑惑，说："请你现在就去我家，看看我卧室的门，上面有我爸砍的刀痕……"

老师叫来周凯的父亲问起菜刀的事，这位父亲咧着嘴无奈而痛苦地说："实在没办法，逼急了。"

问他是否注意到儿子的理想，他说："学习都那样了，还谈什么理想啊？"问他对儿子感到欣慰的方面有哪些，他更恼火了，说："他成天抱着琼瑶小说，看《流星花园》，他的学习就因为看这些才搞成那样的。"

周凯也很恼火："我从来没有在学习时间看过。有天晚上我爸妈不在家，看了一集《流星花园》，正好被我爸回来撞见，他当时就破口大骂，第二天去找班主任，当着全班同学的面说我在看《流星花园》，想谈恋爱的事儿，要老师好好管一管。全班都炸了，老师批评我，所有人都来嘲笑我。其实，班里好多人也看这部电视剧，为什么只嘲笑我一个？”

这件事情严重伤害了周凯的自尊，他的学习越来越糟，成绩直线下降。父亲认为儿子完蛋了，老师也对他不抱希望。周凯也越来越没有了自信。

老师帮助周凯的父母试着用一个全新的角度去评价自己的儿子，比如，《流星花园》本来是一部很吸引人的片子，大多数人都喜欢看，可能老师和那些嘲笑他的学生都看了，但因爸爸的原因以及老师的态度，使得全班同学认为看《流星花园》是件不好的事。这种谴责使他们心理不平衡，就用嘲笑他来获得他们自己的平衡。所以同学的嘲笑和老师的批评都不是因为他的问题。慢慢地，孩子就会获得一个精神支持，学会如何思考这类问题，学会受到别人的嘲笑时如何正确地认识自己，而不是认为自己应该被嘲笑，从而产生严重的自卑心理。

一个孩子的精神出现问题，怎么可能投入到需要精神力量的学习中去呢？学习成绩的下降，这又成为一个巨大的精神压力。问题会越积越深，也使家庭坠入了痛苦的深渊。

父母认识到孩子的问题是由于自己的处理不当造成的，不再抱怨孩子，而是努力改变自己，在父母改变的同时，周凯也在改变。

一年之后，周凯没有再回那所中学读书，他选择了一所艺术学校去学摄影。他找回了自信，也有了学习的动力。

智慧是人类生存的根本，学校教育应该利用所学的内容附带起孩子的智慧成长。如果学校安排的课程只偏重于知识，就会使大批的孩子失去智慧成长的机会。

在学校教育中，如果教师过于重视自己所授的课本内容，就无法关注到孩子发展的需要。孩子的创造潜能就无法得到最大限度的发挥。使孩子错失创造适合于自己学习方法的机会，学习者只有创造出适合自己的学习模式，才能够很好地掌握学习内容，并使学到的知识和技能为己所用。

第四节　以孩子为本的教育

尊重孩子的个体差异：为什么孩子不专心

除了遗传因素，每个人生活环境中面对的成人不同，物品所组成的氛围也不同，孩子吸纳了环境中人的行为品质，与环境、物品互动，受氛围的熏染，形成了一个人特有的内涵，也就是人的个体差异。

人相比其他动物的高级之处就在于这种个体差异，尊重人的个体差异也就是尊重人，不尊重个体差异，就可能会造成人类本质的退化。教育就是帮助每个不同的个体获得经验、发现问题、解决问题和组织经验的过程。

请看下面的案例：

在一个业余美术班里，老师正在引导孩子画画，好几位家长趴在玻璃门上往里看。一个妈妈满脸焦虑地来到我面前，说她的孩子听课一直不专注。

我问："孩子怎么不专注呢?"

她说："别的孩子都一动不动地在听老师讲课，只有我的孩子东张西望，一会儿动他的颜料，一会儿又挠痒痒，我看了都烦死了。"

她的话音刚落，另一位妈妈也走到我面前，急急地问："我孩子听课不专心该怎么办?"

我问："什么时候发现孩子听课不专心?"她说："刚才。"我问："你发现那个教室里其他孩子听课都专心吗?"她说："所有的孩子都很专心，只有我的孩子总是动来动去。"

我很好奇，难道两个妈妈说的是一个人，我问："你们俩认识吗?"她们摇了摇头。

我又问："你们看到的是同一个孩子吗?"她俩疑惑地看着对方，感到莫名其妙，很不肯定地说："可能不是吧。"

我说："但是你们两个人说的是一样的，你们俩都说教室里只有你们自己的孩子在动，其他孩子都没有动。"

我带着她们到了那间教室的玻璃门前，让她们往里看。老师还在演示，八岁的王军躺在地上，将凳子四脚朝天放在自己的肚皮上，由于老师演示得非常吸引人，他在四脚乱动的同时，眼睛还看着黑板。

我问左边的妈妈："那个躺在地上的孩子是你们家孩子吗?"那个妈妈笑着摇了摇头，说她的孩子是个女孩子，是前面那个。我又问右边的妈妈："那个躺着的孩子是你家的吗?"她摇了摇头，说她孩子是左边第二个。

我说："你们看看，教室里最不注意听讲的是你们的孩子吗？再看一看每一个孩子听课的姿势是不是完全一样？"

教室里一共坐着二十多个孩子，没有一个孩子坐在凳子上的姿势和听课的样子是相同的。

一个人选择什么样的姿势使自己的精神投注在一件事上，完全取决于个体当时的需要。如果我们总是要求每个个体在进行不同的精神活动时，保持统一的身体姿势，这无疑会破坏大多数孩子的精神工作。有些西方学校的课堂，孩子们可以随意地选择他们的坐姿，原因也在此。

尊重孩子的个体差异：成长经验决定了孩子对事物的不同反应

当我们提供给一群孩子同一个刺激时，每一个孩子的反应会完全不同，我们必须根据不同的反应给以不同的帮助。

有一次，孩子之家在课上给孩子输入"抢救"的概念。老师事先安排的刺激是一个野外生存的故事：一群人在船只失事后爬上一个大木板，他们划着木板，上了一个小岛。在小岛上爬山的时候，有个人滚下山坡，把腿摔断了。老师身上披了一件粉色的旧窗纱，打算用来做抢救的包扎材料，还准备了红色的药水，事先给一个小男孩安排好角色，让他假装腿断了。

爬“山”的人们在一个花坛的边上走着，小男孩儿在老师的搀扶下，“啊”的一声躺在地上……所有的孩子都围了过来。

老师说：“假装是他的腿摔断了。”说完后将他的裤管捋起来，在其他孩子注视之下，将红药水涂在他腿上。几个男孩子龇牙咧嘴，有一两个孩子脸上闪过紧张的神色，但马上为红药水那么像血而感叹不已。有的孩子开始想办法。有一两个女孩子惊叫着捂住了眼睛。有一个女孩竟然哭了起来。

老师用微笑的目光与那几个欣赏艺术效果的孩子共鸣了一下，同时将吓哭的孩子揽在怀里，回头告诉刚才想办法的孩子去找几个长的木条，又让吓得捂住眼睛的孩子帮她解开脖子上围的旧窗纱的结。然后，老师“嘶”地一下将窗纱撕下一条。孩子们都吃惊地看着她。这又成为一个新的刺激，是刚才受伤刺激的升华。老师对吃惊的孩子们说：“我们在野外没有绷带，只好撕破衣服当绷带用。”

有几个孩子问：“那老师你的衣服怎么办?”老师说：“衣服还可以买，我们先保护他的腿。”

孩子们一下子放松下来。开始利用临时材料进行抢救工作。他们的专注投入让他们几乎忘记了这只是一个模拟的情境。

这节课不但解释了什么是抢救，也教授了怎样抢救的知识。使每一个孩子因为自己参与了抢救而感到自豪，从而让孩子们感受到了成功。

这群孩子由于各自的成长经验不同，对这件事做出了不同的反应。欣赏假血艺术效果的孩子，不比吓哭了的孩子差在哪里。吓得捂住眼睛的孩子，也不会比积极想办法的孩子差在哪里。老师可以根据这些孩子的状态，判断他们过去的经历给他们带来的经验，帮助这些孩子在不同的个体经验的基础上得到提升。这就是尊重个体差异的教育方式。

尊重孩子的个体差异：每个孩子都是完美的

所谓相信指的是：相信每个孩子无论怎样不同，都会按照人类共同的规律成长；每一个人只要没有胚胎期的器质伤害，没有出生创伤，他就具有形成一个完整的人的所有特质。只有相信这一点，才能坚定地怀着喜悦的心情等待孩子的成长，否则，我们就会希望在我们的孩子身上能够集中人类的所有优点。当家长有了这种需求的时候，就会认为自己孩子身上的缺点多到掩盖了他所有的优点。

若儿是一个两岁的女孩，她出生以后妈妈就不再上班，专职在家里养育孩子。她的妈妈来见我的时候，一脸的憔悴。咨询时刚说了一句话，就泣不成声。我心里一沉，不知出了怎样的事情。

等她平静下来，我让她将自己的痛苦慢慢地说出来。她抽噎着说："我实在对不起老公，在家里专门照顾孩子，还把孩子带成这样。"

我观察过若儿，在我看来若儿的状态非常正常。我问她为什么会这样想。"我的孩子可能先天就是一个不好养育的孩子"，她急切地说，"这个孩子吃饭有问题、上厕所有问题、睡觉有问题、与人交往也有问题。"

我发现她所说的情况，都是孩子在成长过程中正常的表现。

吃饭不好好吃，要人喂，而一个两岁的孩子还处在需要人喂才能吃饱的时期。

孩子以前上厕所知道告诉妈妈，最近一两个月来却总是将大小便解在裤子里。说明这个两岁多的孩子此时正进入到肛门期，开始练习用意识控制大小便。练习的过程就是一个失败再练习的过程，孩子对大小便的控制练习要在隐秘的状态下进行，这正是说明这个孩子在这方面是正常的。

孩子还没有形成用意识控制睡眠的能力。睡眠完全取决于自己的生物钟，如果白天睡多了，晚上就不会如成人所愿按时睡觉。这也说明这个孩子是正常的。如果她白天睡觉太多，晚上又能准时按妈妈指定的时间里睡着，这反而不正常。

两岁前的孩子是感知运动的时期，内在机制决定她只沉迷于用自己的感觉器官去感知令她感到新奇的事物。这时的她还没有发现自己需要朋友，只是自己一个人默默地玩耍。这也说明她是正常的。

只要孩子是正常的，那就说明他是完善的。对人来说，完善的就是美的。问题在于，若儿的妈妈不相信若儿是完善的，这样孩子就会因妈妈不满意自己的生命状态而受到干预，这种干预才是造成孩子不完美的原因。

【第三章】
孩子与家庭

在学校教育中，教师可以根据职业角色的需要，演练一套职业的行为方式，去完成固定工作时间内的工作任务。

家庭教育则不同，家庭是一个脱下了职业外衣的地方，每个成员都在家庭环境中自然地展露着自己真实的人格状态。大多数孩子的问题直接来源于家庭成员，如果家庭教育能够恰如其分地弥补学校教育的不足，即使孩子在学校受到了不公平的对待，心情低落，孩子的问题可能也会得到消除。

第一节　孩子的问题源于成人

孩子需要独立的成长过程，同时又依赖于成人，这时双方很容易发生冲突，尤其是在成人对孩子的生命状态知之甚少的情况下，更容易将冲突积累成问题。

五岁的王军非常爱动，头和身体转动的速度快得像一只灵活的小猴子。眼睛里闪着像猴子一样的光，妈妈说，如果王军在她眼前，一会儿她就会感到头晕。

原先，妈妈以为他长大了就会好一些，但是现在眼看要上学了，却丝毫没有好转的迹象，于是妈妈把他送到一所业余美术学校，不是为了让他学画画，而是为了让他练习坐得住。

这所美术学校实行的是开放式的教育模式，王军可以一边乱动着他的胳膊腿，一边画画，他的画还受到老师和小朋友的赞扬。得意之下，王军更是上蹿下跳，妈妈很是担心。

在老师和妈妈谈话中得知，王军是奶奶爷爷带大的，他们觉得孙子又可爱又顽皮，每当王军兴致勃勃地扑向家里的某些用品时，爷爷奶奶就会一边大喊大叫，一边将王军强行抱回来，只让他玩指定的玩具。王军一次次地扑向他所需要的物品，爷爷奶奶就一次次将他抱回来。三岁之后，王军就显出烦躁多动的迹象，经常搞得家里鸡犬不宁。

老师认为，王军的多动，很可能是由于幼年时干涉过多造成的。王军是属于那种精神力量比较强大的孩子，由于他的精力过于旺盛，如果不能通过玩耍和工作释放，这些力量就会聚集起来，成为一种破坏性的发泄。成人的反应有可能是更加严格的防范、批评和指责，使原本内心烦躁的孩子更加烦躁。一个烦躁的孩子肯定很难安静的。这样，孩子身边的成人也跟着忙乱和紧张，反过来又影响到孩子，造成恶性循环。所以，这种孩子更需要有充足的工作材料、自由的工作时间和空间。

找到问题的症结之后，王军的妈妈按照老师的指导，在家里为王军制定了一个调整方案：

第一，从第二天开始，家庭中所有的成人不再在王军面前对他的行为大呼小叫，而是平静低声地说话；

第二，上小学之前，将家里和他环境中的危险品放好，为他规定几项原则，如煤气罐不可以动，菜刀不可以动，不可以点火，不可以伤害其他人和自己的身体。除此之外，其他的事都可以做；

第三，所有的成人要耐心等待孩子自然地平静下来，不可以在他身边要求他坐着别动；

第四，在王军略有进步的时候，家长要对这样的行为表示赏识。

计划实施的第一周后，王军的妈妈带着无可奈何的神情来找老师，因为这一周，家里人仰马翻，一片狼藉，爷爷奶奶一天到晚不停地跟着王军收拾他弄乱的物品。到了晚上，两个老人精疲力竭，他们认为，这样闹下去的话，孩子非成土匪不可。

老师说："这种情况下一定要坚持，四个月后，王军就能有明显的变化了。"妈妈一听要四个月，吃惊得合不上嘴："一个星期已经让人忍无可忍了，怎么受得了四个月？"

老师问："如果天上下刀子，你的孩子又无处可躲，你能用你的身体给他挡刀子吗？"王军的妈妈没有说话，但从她的目光中可以看出，她正在估量自己能否做到。

老师笑着说："你肯定能做到的。"王军妈妈微笑着点了点头，很坚定的样子。"现在王军也处在危险之中，即将被那把叫作'多动'的刀子扎中，现在不需要献出你的生命去为他挡刀子，只是献出家庭的整洁，比起生命来，家里的整洁又算得了什么呢？所以请再忍耐一下。"

接下来的一段时间，王军开始了严重的心理修复。在美术学校上课的时候，老师看到他不再坐在凳子上把屁股扭来扭去，而是干脆将肚子贴着凳面趴在上面，或者直接坐在地上，让凳子"坐"着他。有时会平躺下来，一边玩着凳子，一边看着黑板。

开始时，孩子们很不习惯他的种种举动，后来逐渐习惯了，没有人会对他的行为感到奇怪。

有次放学后，王军钻到沙发后边，不肯出来，老师一喊他，他就不见了，老师不喊时，他又露出头来，嘴里还发出各种小动物的叫声。

累了一天的老师实在没有精力与他纠缠，又不想让在外面等待多时的妈妈发火，就对他说："你可以选择一下——是出来立刻回家，还是今晚住在这里？老师要锁门回家了。”王军听了仍不出来，老师只好假装出门、锁门。

这时，沙发后面一点动静都没有，等了一会儿，老师悄悄过去看了一下，王军趴在沙发后的地板上，小声地在哭泣。

老师将他抱了出来，他紧紧地贴在老师怀里放声大哭，哭声极其忧伤，我们能够感觉到，他的哭不是因为老师要把他锁在屋里，而是一种积压了很久的忧伤。

在这之前，老师从来没有见过王军哭，他的脸上总是带着梦游一般的微笑，不停地捣乱。哭意味着他的内心有某种东西复活了，能够感受自己了。也就是他从一个小动物开始了到人的转变。

那天王军伏在老师怀里哭了很久，妈妈探头看了几次都被老师制止了。老师一直搂着他，等他哭够了，给他擦干了眼泪，领着他到了妈妈那里。

王军见到妈妈又一次伏在妈妈怀里抽泣，然后第一次跟着妈妈安静地、慢慢地离开了学校。

在这之后的一个月里，王军变得爱哭爱撒娇。妈妈晚上下班晚一点，他也会给妈妈打电话，在电话那头哭得如生离死别一般，可是当妈妈急急地赶回家时，他又像一个没事人一样。妈妈又不明白了，这是怎么回事？老师解释到，这是由于王军刚刚发现情感，他在体验那种情感，并感受它，于是变得过于煽情，这正是情感成长初期的特征。说明王军开始朝着正常化的孩子发展了。

再后来，大家已经忘了王军多动的事，一年级的第一学期，妈妈拿着他年级第三名的成绩单向老师报喜。

第二节　成人的问题源于童年

很多父母不懂得如何正确地保护孩子的心理，无法在孩子需要的时候给孩子以精神支持，这是因为我们成人在成长过程中尤其是童年的家庭中积累了很多的问题，比如自卑，焦虑，忽略自己的内心感受，重视外在的评价，加上不懂孩子，就会给孩子又造成很多问题。

我们看臭臭妈妈的故事。

我的童年，是不快乐的，我甚至认为那是痛苦的。

我生于七十年代初，当时母亲17岁，父亲21岁，那么茫然的年代，那么稚嫩的父母。三岁以前，我是小公主，被母亲打扮得像小天使，她曾经花了一个月工资为我买一双红色的皮鞋。我稍大点时，母亲把我穿不了的衣物送人，那个箱子被塞得满满的，光是鞋子就占了一小半，其中就有那双红皮鞋。在那个物资匮乏的年代，母亲仍然给我买红苹果，不是一个一个的买，而是十几个一买。现在，她仍然笑话我小时候做的那件事，一次，我拿了苹果出去吃，很快又回来要，她想小孩子不能吃得那么快吧？她疑惑地跟着我，只见我咬了一口苹果，就弯下腰，将苹果从胯下滚到阴沟里，类似于现在的保龄球吧。当时她没骂我，只把我抱起来离开了。

父母亲都在铸造厂从事最辛苦的翻砂工作，三班倒。在他们上班的时候，我就独自在家中睡觉。有一次半夜醒来，自己穿上衣服、鞋子，从家走到车间去找父亲，父亲把我抱到车间顶上，他那天负责看守熔铁水的大炉，父女俩坐在车间房顶上，默默不语，上面繁星点点，下面是流淌而出的铁水，我那颗小小的心充满了柔软的幸福。

由于父母工作繁重，我不时会被送到外婆或奶奶家。记得有一次，在奶奶家住了好一阵，父母来探望，分开的时候，奶奶将我放到自行车前架上，准备回家。我突然不可抑制地悲伤起来，不顾一切地滑下来，朝父母追去，哭着喊着，后来父母就带我回了家。当然，以后有时还是要在外婆或奶奶家待着。

第一次挨揍是在 3 岁多。我有个寿星公模样的存钱筒，塑料的，寿星公头大大的，笑眯眯的，一手拄着拐杖，一手捧着仙桃，里面全是硬币。我抱着他，走过一条独木桥，到商店买零食，珠珠糖、酸果、糯米饼，不知道为什么我那么爱零食。钱越来越少，母亲骂过我几次，我也没能改过来。直到有一次，母亲抓起竹鞭狠狠地抽过来，谁都拦不住，然后还要我跪在门口的铁板上，那时正是炎夏的正午时分。可是我还是没改过来。

到了 6 岁，家里多了一对双胞胎弟弟，可能由于爱吃零食、贪玩、撒谎，家里不再有谁注意我，虽然我很卖力地帮大人做一切事情，包括带弟弟，但还是没有转机。我不想上学，二年级时逃学了。去干吗呢？到山上去吧，把树啊、草啊当朋友，假想有一群山羊、兔子、神仙，看阳光在水面踮着脚尖舞蹈，满脑子都是神奇的故事，整个人沉浸在其中，那是我的世界。后来，父母知道了，又是不断地暴打我。我经常伤痕累累地去上学。

我那时最爱画画，就是画那种卡通女孩，画完了还能跟同学们讲故事，讲得曲折、动人，现在遇见小学同学，他们还提起这些故事。可是母亲不喜欢，一再制止我画这种乱七八糟的东西，在书包发现了，就要我把画纸吃到肚子里，我吃完了，还画。

我还爱看书，看的都是《十万个为什么》，特别着迷于天文那册，我常常仰望夜空，默默不语地和星星们开始动心的约会。除此之外，我看的还有《三国演义》、《岳飞》、《杨家将》、《呼延家传》、《隋唐传》……我痴迷于其中的硝烟弥漫，痴迷于其中的骁勇、忠诚、信义不能自拔。还有唐诗、宋词，我的古文学得很好，记得有一次上语文课，看到那句“孤影横斜水清浅，暗香浮动月黄昏”，居然呆坐在那儿，完全置身于那个环境中，周遭好似有冷冷淡淡的雾气在游动。

有一件事不得不提，小学时，我偷父亲的钱，买什么呢？零食、花发夹……一次又一次，父母气得不行，心想家里经济状况都这样了，你还偷？打！于是用绳子把我的手捆在窗框上，脚尖刚刚碰到地面，又踩不住，只能踮着脚，手被勒得出血，还被大棒子揍；被缝衣针扎嘴、扎手，直到冒血；电线两头裸着，一头插电插座，一头用来电嘴巴。还把我打出门去。后来是一个亲戚收留我。这事到今天想来，我心里都很不是滋味。当时我就想，让我死了吧。那年我 9 岁了。后来不偷了，但是也再没问父母要过钱，哪怕是买作业本的钱，没作业本了，就把以前没用完的撕下来，用缝衣针订起来再用。上高一时，一天母亲急急地叫我回家，不由分说把我一阵暴打，说不见了 20

元钱，我当时一滴眼泪都没流。后来，她发现是自己放错了地方。

现在，我家的衣柜、鞋柜堆得满满的，很多衣服的吊牌都没有折，很多鞋子盒子都没开过。你们可能会觉得我不可理喻，可是，上初中时，我因为没有校服，不能参加学校的活动，只能孤独地坐在教室里；上体育课没有球鞋，只好跟别人借，楼下那个女孩子跟我从小玩到大，为了借到球鞋，下午快上学时，就得赔着笑脸在人家门口等，时间长了，人家不干了。那时母亲已经离开原来的厂子，到别的厂工作了，家庭经济状况已经比较好，甚至买了整套新家具、买了冰箱。为了校服和球鞋，我多次恳求父母，但是没用，原因我不得而知，也从不去问。

初一时，我的成绩全班倒数第三名，没有人愿意跟我做朋友，虽然我很努力地迎合他们。下课了，我总是呆呆地坐在教室里。我就是那样的学生：成绩差、模样丑陋、不善言辞、还有点儿脏兮兮的。那一年，我以为我就这样完蛋了，我不想做任何事情了，终日低着头、弯着腰，像跃儿老师说的，那是一张满是苦难的脸。存了一张那时的照片，现在都不忍心看。突然有一天，不知为什么挨了父亲一顿揍，那顿揍不晓得击中了我的哪根神经，我想不能这样，我不能让你们看不起我。累于天资愚钝，于是我拼了命去学习，每天学到凌晨两点多，早上6点多就醒了，吃饭看书、走路看书，甚至练就了边骑自行车边念书的绝招，晚上蚊子多，蚊香没有了，就打一桶水，把腿泡进去，继续看书。不到两个月，我的成绩直线上升，到期末考试，居然连拿三门功课的全年级第一，总成绩排到全年级第三，再下个学期居然拿到了全年级第一，位列前三名这种情况一直维持到整个中学时代结束。所有的人都震惊了，老师同学一下子对我表现出了佩服，但是，父母对我的态度并未因此而有什么改变。我一直缺乏他们的肯定，而我一直都那么热切地期盼着。除了学习成绩好，我还是那样不善与人交往、不善言辞，总是孤孤单单地行走在自己的路上。

这一切，造成现在的我对金钱、物质有着极大的占有欲望，极度需要爱，要用金钱和别人的爱来证明自己的存在。工作上，我也需要不同的奖项来肯定自己。

我根本不属于自己，一个无法肯定自己、只能依赖外界来提示自己存在的人，是一个没有自我的人。我的婚姻危机根源，我想主要在于我，我太期盼得到爱了，一种类似父亲兄长的爱，因为我太希望能重新当一次孩子。以为有了家，就可以拥有爱，太想有个家的念头烧坏了我的脑袋，在没有确定他是不是我想要的人之前，我就戴上了结婚戒指。可是先生只比我大 3 岁，他自己都没办法过好自己的生活，更别说给予我希望的生活了。

这一切也造就了我的好胜、坚强，想不出会有什么困难能打垮我。不是因为乐观，而是那种好胜心在摩拳擦掌。

我在这里做这个反思，并不是为了控诉父母，把当前问题归结到他们头上了事。而是为了释放积存的负面能量，在不同的情境感受曾经带来伤害的事件，引起思考，从而修正自身的认知——行为——心理模式。

这对我了解儿子、学习怎样去爱他起着至关重要的作用。倘若不挖掘自己，上一代不正确的育儿观念有可能传承下来。有人说，你看那些打骂孩子的人，小时候必定是受到打骂的人。这就是反思，就是发掘童年的伤痛。

…………

“人和人之间的个性差异在童年时期就已经定型了，而且童年对成年之后的生活的确有着深远的影响。”（引自《发现孩子》第 5，6 页）

基于童年的影响，我比较缺乏安全感，自身内心不够强大，所以需要金钱、物质和别人的爱（或是肯定）来获得安全感。为了赚取这些，我付出了很多精力，有些是值得的，有些是不值得的，我从来没有想过为什么我不重新建构自己、强大自己。

最近两周来，我尝试过一种简单的生活，用一颗平常心来做个正常人。

收起锦衣玉服，穿最简单舒适的服装。不再考虑别人对自己的评价。以前精心雕琢，反而会担心有不完美的地方。现在很舒服，工作起来精力十足。

不再疯狂购物，售货员的目光其实不能给我带来更多的愉悦，购买回来的东西并不能让我更快乐。于是我把钱规划起来。每天身上不超过 10 元钱，除了儿子每日常规开支的鲜奶 3 元，还剩下 7 元。开始真的觉得太艰难了，怎么过呀，才 10 元钱。最初几日，特别煎熬，那 7 元钱，即便是全换作 1 角硬币搁在口袋里，脚步也是虚的，轻飘飘的，人也是虚的，没底气似的。后来，却还有节余，那满足的样子，可以算是成就感吧。

学会对别人说“不”。为了得到别人的肯定，不会拒绝别人的要求，即使很难为自己。别的部门的同事让我帮助写个材料，这不是我的工作职责范围，而且，我比较忙。于是，红着脸，对着他们说“对不起，我帮不了你们”。手心都出汗了，回过头，却是无比轻松。

我对自己的爱，足以给自己全部安全感。现在，还无法完全在实践中肯定这一点，但我会努力的。

——摘自“李跃儿教育网论坛”

第三节 童年的问题源于家庭

如果一个孩子在发展方面出现问题，原因可能是复杂多面的，有的是教育原因，有的不属于教育原因。大多数孩子的人格心理和思维模式出现问题都发生在进入学校之前，所以一个人在教育方面的问题主要来自于家庭。

无法脱离以自我为中心的状态

我的邻居是一对老夫妻，老爷爷兄弟姐妹九个，小的时候家里很穷，父母忙于生计。老爷爷和老伴结婚多年，对自己的老伴很有感情，但老伴提起一些事情总是面露忧伤。有一次老爷爷住院，我去看望他时假装看了一下他的手相，说从手相上看，他很爱他的老伴。

他甜蜜地笑了，并好奇地问：“真的能看出来？”

我趁势而入，问他既然这么爱老伴为什么对她不好。

他满脸疑惑地看着我问："怎么不好了？"

我说："在朝鲜战场上她都病成那样了，您为什么不管？"

他说："那时不知道啊。"

我又问："可是她住了两个月的医院，您既然去了，为什么只坐了五分钟，没打招呼就走了？"

他不好意思地笑了，说："那是骑着马去的，进了病房之前将马拴在外面的马桩上，可是刚进去不一会儿，就看见马跑了，于是我就去追了，一追就追到了几十里外的营地。我后来想既然都回来了，就不去了吧，再去多麻烦，所以也没再去，后来也没想到向老伴解释。"

这就是因为从小没有人引领，他不知道怎样表达感情，也不知道怎样体会别人的心情，他想不到老伴会为这件事情伤心，也无法站在老伴的角度去感受这件事。家庭教育的缺失，使他终其一生也没有脱离自我中心的状态。

无法恰当地与人沟通

有一个三十岁的女老师，经常因为别人的话怒火中烧，别人却不明白什么地方让她生那么大的气。有一次，她在给新来的老师指导工作时，态度不够温和，那个老师有些受不了。领导去找她谈话，建议她和同事说话时要感受一下别人，用别人易于接受的方式交流。这个女老师当时听了，满脸通红，气愤地说："你不是让我们有话搬到桌面上吗？我对她有看法，直接找她说了，你现在怎么又说我不对了？"她边哭边发脾气："我以后再也不说了！"

这就是童年时，家人在与人沟通的问题上，从未给过孩子正确的帮助。

概念混乱

我们平时与人交流时，发现很多人概念混乱。这也是成长过程中成人给孩子输入概念时出了问题。

一个妈妈认真地给一岁多的孩子讲解蓝色："宝宝，你看，天空是蓝的，气球是蓝的，妈妈衣服上的小点也是蓝的。"然后她指着自己的衣服问："这是什么色?"宝宝说不上来，她就又从头开始教。

这个耐心的妈妈为了给孩子建立蓝色的概念，使用了一大堆其它的概念，如天空、气球、衣服、小点……对于一个语言系统还没有发展成熟的孩子来说，无法从这一大堆概念中挑出哪一个词是妈妈让他今天学的，更无法将"蓝色"这个词和蓝色配对。妈妈越是卖力教，孩子的大脑越是混乱。

试想如果孩子长到六岁，妈妈都是这样教育孩子，概念混乱所造成的问题，就会遗留在这个孩子的人格状态中，孩子就无法在与人沟通时正确表达自己的想法，从而造成学习和生活的障碍。

【第四章】

了解孩子，先了解自己

人在完成了学业和技能的学习之后走向工作岗位，可是有的人工作做到一定的层面时，就会莫名其妙地失败，无论如何也无法继续上升。组成婚姻家庭后，也会出现同样的问题，甚至无法维持长期稳定的家庭生活。

我们在前面提到，成人的问题大多数来源于童年，因为童年意味着还没有成熟，所造成的伤害无法通过有意识的行为和思考得到疏解，甚至都意识不到所受的伤害，所以，这些伤害造成的问题，就会伴随着人格的发展，成为人格缺陷。

第一节　人际关系建构的不完善

没有安全感

在人的生命长河中，如果感觉到周围是安全的，自己选择的生活方式是舒服的，单位是可靠的，亲人是爱自己的，这个人就会感觉到安心并觉得安全，就会把自己的全部精力用来发展自己，并获得良好的生存机会。

如果一个人没有安全感，惶惶不可终日，就会本能地把大多数精力和时间花费在怎样获得安全感上，会在乎每一次小小的失败，而每一次的失败又加剧了不安全感，让人更加焦虑。

我曾接触过一个三十多岁的女士，她每到一个新单位，开始时大家对她都很友好，领导也很器重她，让她担任部门负责人。但过上一段时间后，她的人际关系就会越来越差。

感情问题上也是如此，开始时很顺利，可是一旦发展到深入交往的时候，就无法再相处下去，最后只能分手。

经过几次咨询后，我了解到，赵女士每到一个新单位，都会担心领导认为自己没本事，担心被同事看不起，为了让下属配合自己的工作，经常下班后请下属吃饭，哪位员工工作上有困难，她都会帮助他们完成。渐渐地，工作做不好的员工越来越多，她每天除了做自己的工作，还要帮助工作完成不好的下属，一天下来，常常累得精疲力竭。她变得越来越没了耐心，经常批评员工。员工们的脸色也越来越难看，她非常委屈，不明白为什么自己对他们那么好，他们还这样对自己？

心里有了这样的委屈，赵女士在跟员工接触过程中，就有了更多的不良情绪。她的工作小组变得紧张、冷漠、充满了敌意，小组的工作任务也无法顺利地完成。

领导开始找她谈话。赵女士又一次感到了生存的危机，因为她换了几次工作了，她曾暗下决心一定不能重蹈覆辙。令她恐惧的是，现在又和以前一样了。

通过和赵女士的谈话，我了解到，赵女士的童年很不幸。她的爸爸是下乡知青，妈妈是当地农民，从她记事起，爸爸和妈妈就一直打架争吵，有时候爸爸会拿着刀追着妈妈满院子跑。幼小的孩子经常给爸爸下跪，求爸爸不要再打妈妈。这种环境下长大的赵女士，一点安全感也没有，也无法相信人和人之间会相互支持、相互关爱。生活和事业对赵女士来说只有竞争和攀比。

不会与人沟通

人类创造了各种语言形式来表达自己的心理，表达的目的无非是为了沟通。正常的人都非常需要沟通。人们通过沟通获得了生存机会，提升了发展能力。虽然有极个别的人不需要沟通也能够很好地生存，但作为人类，我们无法想象，不与他人沟通的生活会是什么样子。实际上，许多貌似不喜欢沟通的人常常感到孤独和痛苦。

“水精灵”是一个人在教育论坛上的网名，他是一所幼儿园的副园长，他有很好的教育理想，在工作中忠于职守，可是在论坛上，他与别人交流自己的观点和看法的时候，总是会引起一场论坛大战。

有一次，一个人在网上评价现代教育，提出自己的几点疑惑。“水精灵”一露面，就对那人说：“你怎么可以这么评价现代教育，也不为自己的孩子想想!”他的话一下子破坏了人们平和讨论的氛围，使大家极其反感。

懂得现代教育和传统教育差别的人，都会知道真正的现代教育对孩子的成长是非常有利的。但是接受传统教育长大的家长们，要经历一个从认识到接受的过程。在这种情况下，如果他心平气和地把自己的认识和感受展示出来供大家讨论，可能情况就不会这样。

无法进入团队

一个人的精神如果从未被团队生活愉悦过，就不会产生需要团队生活的动机。没有进入团队生活的动机，就不会成长起真正的团队生活能力。

老张是一个文化人，在当地小有名气。起先，他在一个学校里当老师，校长非常赏识他，但他总是不能按时上课，学校的集体活动也不能很好地参加。每次学校需要完成集体任务时，他的想法都极具创意，但总是无法与大家和谐相处。老张一气之下，将自己那部分作品毁掉，使整个团队的工作无法按时完成，所以大家对老张非常不满。

这类事情发生过几次后，老张感觉好像大家都和他过不去，觉得没法再在这里工作了，便向领导要求调离。可想而知，到了下一个单位，情况还是如此。

渐渐地，没有单位敢要他了，无奈之下，文化局只好专门为他一个人成立了一个单位，叫"剧团筹备组"。那时剧团已经解散数年，他被安排在一个已经荒废了的大院里，院子里荒草遍地。他开始还气不过，不时地跑到局里指着人们的鼻子大骂，慢慢地，别人也不把这事当回事了，老张也渐渐地被人们遗忘，最终一事无成。

原来，老张家里兄弟姐妹众多，父母脾气也不好，经常打骂孩子。老张因为排行中间，上面受着哥哥姐姐的气，下面又得让着弟弟妹妹，逐渐成为所有兄弟姐妹攻击的目标，这使他逐渐形成离众的性格，成为游离于狼群之外的一匹孤狼。

童年的生活使老张不信任别人，对人群带有自然的仇视。这就无法使他建构起团队生活的能力。

如果家庭成员中有这样特质的人，一定要将孩子送到一个具有良好教育理念的幼儿园中，因为在这样的幼儿园，孩子可以在自己的群体中自然地发展起对团队的需求以及团队精神，老师也会根据孩子所显示出的特征对父母提出改变的要求，这样，孩子就能避免重蹈父母的覆辙，发展出独立的人格状态。

第二节　人格发展的不完善

缺乏意志力

潘先生出生在一个贫穷而落后的小山村，两个姐姐，在重男轻女的小村子里，潘先生成了家里的宝贝，父母对他溺爱有加，从没有人要求他把没有完成的事做完。

成年以后的潘先生是一个才华横溢的人，他经常会有一些让人惊叹不已的计划。然而他的每项计划都因为这样那样的原因半途而废了，然后他再开始新的计划。在所有的计划无疾而终之后，他对自己有些想不通了，不知道自己的问题到底出在哪里。

像潘先生这样的情况就是因为从小缺少工作机会，没有成长起意志力造成的。

人的意志力是在长久的生活过程中形成的。这个形成过程需要在童年种下一粒意志力大树的种子，也就是我们所说的潜能。这方面的潜能丢失了，如果后天进行有意识的弥补，意志力薄弱的情况将有可能好转。

不自信

我们的身边经常有这样的父母，他们从不打骂孩子，也没有粗鲁的举止，但在孩子出现问题的时候却不是尽力去帮助，而是冷嘲热讽，或者冷眼旁观。

在这种环境中长大的孩子，很容易与周围的人发生冲突。因为他会觉得周围的人也会和父母一样看不起他，所以和别人说起话来言语刻薄，缺少包容心和同情心。

这样的孩子小时候会显得很听话、很乖、恪守规则，对陌生人有较强的防范心理，有些情况下学习非常努力，但一般会成绩平平。这类孩子的父母如果遇不到能够震撼他们灵魂的事情，一般是很难改变的。

第三节　情绪控制的不完善

无法控制情绪

小孟小的时候，妈妈常年在外出差。姐妹三个和爸爸一起生活，爸爸经常莫名其妙地朝她们发火，将碗筷杯子砸得粉碎，对孩子们的事情也不闻不问。

成年以后的小孟，吸收了父亲表达情绪的方式，也经常用发脾气和摔东西的方式来表达情绪，致使自己的工作和家庭都出现了严重问题。后来，她通过对自己成长经历的反思，回顾以前对待孩子的很多不当行为，重新思考和改变养育方式，孩子也如重获新生一般。

第四节　智慧建构的不完善

缺乏自我保护意识

周老师从小生活在一个讲究礼仪的大家族中，家里几世同堂，家族中的一个长者有着至高无上的权威，控制着整个家族。有不公平的事情，弱势的人只能低声下气，以避免冲突。周老师的父母就是在这样的环境中默默做事，从不与他人相争。孩子们从小都被教导要忍让躲避。

周老师大学毕业后，因为出身不好被下放到一个黄河边的小县城，在那里的一所中学教书。安顿下来以后，他把在京城的妻儿老小也接到了这个小县城。岳母和妻子从京城来到这个偏僻荒凉的小县城，心里很是不平，周老师就成为她们撒气的对象，常常因为家庭矛盾被赶出家门。被赶出家门的周老师只好提着铺盖卷住在办公室里，直到岳母和妻子允许他回家。

“文化大革命”期间，作为知识分子的周老师被下放到一个偏远的农场去劳动。期间，总会有人每天到他那里吃饭，向他借这借那。虽然周老师自己生活也很困难，但他从未拒绝过别人。时间长了，人家都觉得他很好欺负。有一次，有家人想用钱，又不想朝他借（因为借了要还），就拿了几个鸡蛋过来硬要卖给他。周老师自己也有鸡，也下蛋，但人家要卖给他，他也只好掏钱买了。

周老师无论走到哪里，好像都有一群人在等着欺负他。因为他不知什么是自己的权利，更不能维护自己的权利。他的这种无立场的忍让无形中助长了他人对他疆界的侵犯，从某种意义上来说也害了别人。

人们都说“人善被人欺，马善被人骑”。这话听起来好像教人不要行善，但其实，“人的善良”和“会保护自己”应该是两个概念。善良是指一个人能够体会别人的处境，不损害他人的利益，并乐于帮助他人。而一个不会保护自己的人，是疆界不明，不能划清自己与他人的界限。

没有幸福智慧

人们活着无论追求钱财还是名利，追求学问还是事业，追求成为英雄还是平民，实际上，都是希望这一切给自己带来幸福。有的人往往以为如果能够达成某种愿望（比如发财或当官）后便能获得幸福，结果却很是失望。为什么会这样呢？到底怎样才是幸福呢？

有这样一位女士，因为是独生女，从小被父母视为掌上明珠，只要有好吃的，父母都会端到她的面前，看着她吃。只要是她想要的，即使经济再紧张，父母都会满足她。渐渐地，父亲也老了，和母亲在外面卖饼度日。这使她觉得在同学面前抬不起头，所以常常向父母大发脾气，父母也觉得对不起她，对她百般迁就。

随着年龄的增加，她开始羡慕那些有钱人家的孩子，觉得自己家太穷，羞于让同学到家里去玩。

长大后，她真的嫁了一个有钱人，过着衣食无忧的生活，八岁的儿子也聪明可爱，但她总觉得活着没意思，经常面色铁青眉头紧锁。觉得自己生活在苦难之中，还不时地向亲朋好友控诉自己的先生：如何在早晨刷牙时将牙膏挤得乱七八糟；如何在医院排队挂号时被人插了队等等。先生最后忍无可忍，只好和她离婚。离婚之后，她觉得总算松了一口气，可以一个人舒服地过了。可是没几天，她又开始觉得自己很孤单很可怜，说病了发烧没人管，有事情没人帮忙，有话没地方说。

一年之后，她的先生又娶了一个老实本分的中年妇女。她觉得那个女人肯定忍受不了几天。没想到半年之后，前夫像变了一个人一样，精神焕发。有一次她借口去看儿子，问那个女人："你怎么能受得了他乱挤牙膏这样的事情?"那个女人哈哈大笑说："我觉得他像一个掰棒子的大狗熊，把牙膏管搞得坑坑洼洼就不管了。我就每天在他后面刷牙，把牙膏管从后面卷起来。这就不是问题了，他还很开心呢。"前妻听了，若有所思地离开。

我们发现，有一些人在步入社会时所存在的许多问题来自于童年，是童年时期的环境因素造成的。这个环境因素主要是家人身上存在的心理问题和人格问题，影响了孩子的成长环境。或许有些父母在教育方面下了很大的功夫，但如果这些父母有心理和人格方面的缺陷，他们的努力很可能付之东流，甚至越努力越糟糕。因为如果父母感觉不幸福，孩子就会受到影响。一是孩子可能觉得父亲或母亲不幸福都是自己造成的，就会惶惶不可终日。二是孩子成年之后也会变得自怨自艾，找不到幸福感和精神归宿。所以，如果父母通过反省发现自己是这种类型的人，就要通过努力寻求改变。父母改变了，孩子也会随之改变。

【第五章】

认识孩子的发展

第一节 什么是发展

前面我们多次提到了发展，什么是发展呢？

首先，发展是一种变化，是一种连续的、稳定的变化。而且这种变化是在个体内部进行的，发生在个体之外的变化不能称之为发展。例如，当你从一个房间走到另一个房间，空间位置和房间里的家具肯定变化了，但你本人并没有得到发展。因为空间变化纯粹是外部的。即使在非空间的变化中，凡是属于外部关系的变化也不构成发展。

并不是所有的内部变化都可以称之为发展。例如，当你从明处走入暗处，视网膜上的光化物质会发生变化，使视觉感受性大大提高，这就是众所周知的暗适应。反之，从暗处走入明处，又会发生过程相反的明适应。这种内部变化是为了重建机体的正常平衡，其最终结果是恢复到原先的状态。类似的情况还有女性经期生理变化等。这些也都不能称之为发展，尽管它是内部变化的过程。

我们还可以进一步说明，即使是内部的、稳定的、持久的变化，也不能一概称为发展。例如，一个三岁的孩子会唱“一二三四五，上山找老虎”，这并不是说明这个孩子懂得了数的序列。一个四岁的孩子会背乘法口诀，能说“三乘三等于九”，也并不表明这个孩子懂得了数的组成。所有这些内部的、持久的、稳定的变化，只是靠模仿和强化，是一种机械学习的积累，并没有达到意义理解的水平。只有当孩子把所学的知识与头脑中原有的知识体系相互联系起来，并能把整个系统中相关联的对象相互联系起来，这种变化导致了结构的变化，才可称得上发展。

例如：当孩子懂得了数的序列和组成法则，就会懂得 3 的前面是什么数，3 的后面是什么数，懂得 3 就是 1+1+1，或是 2+1，9 则是 3+3+3，或是 9 个 1，并且懂得 9÷3=3 等等关系。孩子从数学的结构上理解了这些关系，懂得了要素之间的基本规则之后，表明了他的认知结构已经发生了变化——发展了。从这个意义上讲，发展还可以说成是“由决定要素之间联系的基本规则的获得或变化组成的。”（引自《孩子心理发展理论》第 5、6 页）

看完这段话，我们会基本了解什么是发展。实际上，我们国家的应试教科书也是按照这样一种理念设置的，问题是教学大纲所规定的学习时间和老师对考试成绩的追求，使得教育者无法使孩子由内到外经历发展的整个过程。

发展需要时间和一个内化的过程，在这个过程没有完成的时候，某个时间段内的结果不会达到最终完成时的效果。而急功近利的应试教育，要求孩子在每个发展阶段内的结果达到完善的程度，这不符合人的发展规律。孩子无法达到，就只能去背。背的结果使孩子在考试时成绩突出，但本质上却没有获得发展。

第二节　行为能力的发展

行为能力的发展如同身体成长一样，最初，上苍只给了人一个作为基础的行为能力是抓握和吸吮，发展中的孩子会将这个基础行为作为第一个发展的步伐，并由此延展下去，逐渐地扩展行为的范围和难度，直至发展成为一个无所不能的人。

比如婴儿用吸吮的方式轮换着吸吮十个不同女人的乳汁，但并没有由吸吮行为组织出其它的内容。除了“从乳房中吸吮出乳汁”这一点之外，这个婴儿并没有其它的发现。十个女人的乳房只带给婴儿量的变化，没有带来质的变化，因而就不会由此获得发展。

直到有一天，这个婴儿偶尔吃到了自己的手指，他发现手指上有一种感觉，他还发现，这次的吸吮没有出现乳汁。还有更重要的发现——他不再需要用哭泣呼唤妈妈来，只要举起手臂，将手指放在嘴里，就能解决问题。这些新的感受和经验会刺激起婴儿的注意，使他每天都会试图将手指塞到嘴里，这样，这个婴儿就获得发展了。

此后，由于将手指塞进嘴里这一行为，刺激他抓起手边另一个物品，他不再无意识地紧紧攥着了，而是将其塞进嘴里。当这个物品被吸吮后，婴儿的大脑会立刻辨别出吸吮物品与吸吮手指、吸吮乳房之间的区别，这又成为一个新的刺激。为了维持刺激所带来的有趣情景，婴儿就会不懈地重复这个过程，将物品不断抓起塞进嘴里。孩子从吸吮乳头过渡到吸吮手指，接着吸吮其他物品。就如同一棵树苗长出几支分叉，不再是原来一根木杆。孩子组织起来的行为越多，这棵树越枝干茂盛，孩子就发展得越好。

再回到前面的话题，从不起眼的吃手指开始，孩子就逐渐练习使用自己的手，当他们不再需要用嘴去认知事物时，就将这种需要转移到手上。手对事物的认识，增加了手的灵活度。由于反复使用，使手的能力从大把的抓握发展到用指尖捏拿细小物品，同时，孩子内在的精神也进入细小事物的敏感期——对那些小洞洞极其感兴趣。

这种兴趣激发他们用手指去夹去拿那类物品，从而由大动作发展成为细小动作。再后来，由于手的探索的需要，孩子不再满足于小范围内的事物，他们需要更为广阔的空间。于是，他们努力让腿带着他们去那些想去的地方，由身体的蠕动发展到四肢着地爬行，再发展到扶着物体行走，直到最终的独立行走。

当一个孩子能够行走时，他就迈向独立了。这时的他，被内在精神发展牵引，去做想做的任何事情。此时成人如果不过多干涉，孩子一定会在智力、感受力、思考力发展的同时，使行为能力也达到应该达到的程度。

因此，为了孩子的发展，成人一定要给予孩子发展的自由。在保证安全的前提下，让孩子去做他们想做的事。允许和帮助发展，是成人对孩子最大的爱。

第三节　语言能力的发展

人人都知道，一个婴儿出生时不会说话，但是孩子长到两岁，就基本能够熟练地用语言表达自己，并且语法和词汇使用都基本正确。研究发现，孩子语言的发展是由于婴儿内部专门从事语言发展的系统，这个系统不能使孩子一张嘴就说出完整的语言，它与行为和其他方面的发展一样，有一个由低到高的发展过程。婴儿只要暴露在语言环境之中，就一定能够熟练地掌握母语。

婴儿从出生就喜欢听与人发音频率相同的声音，而在这个频率范围内，他们宁愿听人说话也不愿听其他几种悦耳的音乐。一个三个月大的婴儿已经能辨认出母亲与其他妇女声音的不同。

新生儿对人们的面孔也非常注意，他喜欢看到一个人的面孔而不愿看到其他事物，当他们看到人的脸时，表现得特别高兴，通常父母认为这种行为是他们的孩子渴望交流的一种信号，因而父母会给孩子更多的刺激。这个刺激就是与孩子讲话、触摸孩子，对孩子做鬼脸。父母本能地用这种方式与孩子“交谈”，这样，新生儿就开始与人交流并发展自己的语言能力。

婴儿先天对人的语言非常敏感，这使得他们很快就开始模仿语言，并开始练习，从说一个单独的字开始，逐渐发展到两个字的单词，经历一段积累期后，孩子会突然出现语言爆炸，人们称之为语言的敏感期。之后，他们就不停地说。在教育圈子里，有一句笑语：在这个世界上，没有什么比让一个处在语言敏感期的孩子闭嘴更难的事了。

第四节　社会性能力的发展

孩子刚出生时，既不知道自己，也不知道他人。再之后，分不清自己，也分不清他人。他们将自己和他人混为一体，甚至认为自己和物体也成一体：他即是物，物即是他。大约到了两岁半，他们有了新的发现，就是每当和小朋友一起玩时会觉得非常愉快，由此便萌生出寻找朋友的愿望。

这时的孩子，认为世界上所有人都会像爸爸妈妈那样对待他，一旦发现自己想让他人做的事对方会拒绝，或者对方要求他屈从时，就会感到不可理解，甚至痛苦。这是社会性能力成长的起点。由此开始，孩子会经历许多的风风雨雨，一路跌跌撞撞前行，直至成长起融入一个群体的能力。

他人的拒绝给他造成痛苦时，孩子会面临几种选择：或者屈从于他人，或者设法吸引他人，或者单独玩，不再需要他人。无论是成是败，孩子都会由此获得一种认识和体验，这本身就是成长了。

如果成功了，孩子就会受到鼓舞，就会想方设法更好地融入群体，成为其中一分子，并设法稳固自己在群体中的地位。他们会学习和改进对于群体的种种不利行为，使自己不被群体排斥。如果惹恼了群体中的骨干人物，就会逼得他们不得不脱离以自我为中心的习性，考虑他人的需求，从而学会何时需要顺从于群体、何时需要自我坚持等方面的技巧……在这样的互动中，孩子的社会性能力就会获得发展。

如果失败了，孩子心中定会滋生一种从未有过的失落感和孤独感，这种不愉快的感觉促使他更加向往友谊和团队，向往产生需求，需求导致行动，无论失败多少次，总会有成功的机会，只要成功一次，所获得的强烈愉悦会使他更加珍惜这样的成功，从而促使他更好地融入群体。

第五节　情感的发展

刚刚出生的婴儿，在看到妈妈的面孔时一定会感到高兴，但因为没有学会表达情感的面部表情，所以人们也就无法从他们的脸上看到高兴的神情。

随着和妈妈相处时间的延长，以及妈妈带有深厚情感的、无微不至的照料，使他学习到了表达情感的表情和方式。

当婴儿第一次微笑的时候，所有的父母都会感到无比的幸福。接下来，婴儿会将小手伸进妈妈的嘴里，并用小脸触摸妈妈的身体。至此，孩子对父母的情感会变得越来越浓烈。

到了两岁半以后，他们发现除了爱爸爸爱妈妈之外，某个小朋友也会让自己恋恋不舍。由于他们知道爸爸妈妈已经肯定属于自己，而小朋友是否属于自己却无法肯定，所以便对这种友谊极其关注，以至于会因为小朋友对他的态度而不断经历喜怒哀乐，情感就因此而得以发展。

到五岁时，孩子开始固定自己的友谊，并开始大量地进行“最好的朋友”和“一般的朋友”这样的分类。由于对成人关系的发现，他们会希望与最好的朋友也用成人的方式永远生活在一起，这就是孩子为什么会常常宣布“要与某某某结婚”的深层原因。

六岁之后，孩子的情感会进入一个平稳发展的阶段，大概一直持续到十六岁，情感起伏才会突然加剧，并伴随着质的变化，开始将部分的普通情感上升为爱情。到十八岁时，情感已经基本成熟，开始真正地恋爱，开始用较为成熟的方式处理朋友间的关系。

我们看到，情感的成长也与身体的成长一样，经历了一个由低到高的过程。

性是许多成人不愿提及的事情，但也是人的生命的一个组成部分，如果孩子没有器质性伤残，性也与感情、行为、智力一样，将经历一个由不成熟到成熟的过程。

专家研究表明，人的性从婴儿时期就已萌芽，两岁便有了明显的迹象，如：孩子对身体触摸快感的迷恋——当他触摸身体的某个部分、发现这种触摸会给他带来愉悦时，便会执着地重复地抚摸那个部分。

三岁之后，性的成长会出现一个突发点，也就是弗洛伊德所谓的肛门期。这一时期，孩子们通过控制大小便来获得憋住和放开的、近似于性的感觉，还有一些孩子会发现触摸生殖器所带来的快感。

到了六岁之后，性的成长会进入一个潜伏期，直到十四岁，才进入一个爆发式的成长时期，即青春期。到十八岁时，性便达到成熟状态。

许多家长们不但避讳对孩子性的观察以及发现，还会对他们近似性的享受行为感到惊恐。既然性和身体都属于人的一部分，是生命的组成，成人就不应对此视而不见，更不能阻碍其正常发育。正确的做法是，在不予刺激的前提下，容许孩子在性方面的正常表现和自然成长。如果发现孩子迷恋于性器官的触摸，常常以此获得快感时，千万不能以厌恶、指责甚至恐吓的方式使其认为自己是一个坏孩子，使其认为这是一种可耻的行为——如果你这样做，就会为孩子未来的生活种下不幸的种子。

第六节　智力的发展

我们人类天生就有智力的潜能，智力经历了一个从无到有的发展过程，智力就像体力一样，在劳动中获得发展，在使用中变得开阔。

目前，许多父母重视孩子的智力发展，以为智力是大脑的工作能力，大脑的工作能力又显现在读书和记忆知识上，所以很多父母错误地认为，孩子从小去记忆和背诵很多知识，智力就会得到发展，却不知记忆力是智力中比较不重要的一部分，比它更加重要的是分析能力、总结归纳能力、质疑和解决疑惑的能力、联想和联觉能力、想象和创造能力，而这些能力的基础，恰恰不是使用大脑获得的，而是使用身体获得的。

一个孩子将来是不是有好的智力，除了他的先天因素外，在后天的因素中，最重要的，是这个孩子在零到两岁的时候，是否有机会使用自己的身体。而在使用身体的这个阶段，是不是有机会获得丰富的感官刺激。

两岁之前，感官刺激比较丰富的孩子，就能保证先天的智力不会衰退，智力的发展来源于大脑神经元的连续，是否完整和丰富，而这一切都要在孩子获得自由和有适当的可支持的社会环境的基础之上，才能获得发展。零到两岁没有获得丰富感官刺激的孩子，即使先天有好的智力遗传，其智力也会由于心智结构不完善而大打折扣。

父母只有懂得了什么是发展、什么是信息储备之后，才能真正帮助孩子发展智力，否则，可能做着阻碍孩子智力发展的事情却浑然不觉。

婴儿学习的第一步，是将他的注意力集中在某个人或某件事上面，即选择性注意。通过选择性注意，婴儿便能从诸多的感觉刺激中过滤出对他最有意义的信息。这时，如果婴儿困倦或者焦虑，这个至为关键的第一步可能无法完成。

注意力包括了几个小步骤：

第一步：当婴儿选择了一个注意目标时，需要有足够长的时间去看、去听、去嗅、去摸，以便对目标的基本属性有所认识，这被称之为“持续性注意”。

第二步：长时间的或看、或听、或嗅、或摸之后，婴儿便会在脑海中形成一个印象，这个印象可能是视觉的或听觉的单个形式，也可能由视觉、听觉、味觉、嗅觉等数种混合组成，我们管这个印象称作信息加工。

第三步：在编码的形成过程中，婴儿会不自知地拿现在所学与以往所学进行比较。注入新的内容，使旧的内容改变，最后形成完全不同以往的思维模式和行为模式，智力在这个过程被使用并获得发展。

【第六章】

童年的秘密之一：有吸收力的心灵

第一节　吸收的奥秘

孩子对物品有天然的喜爱

婴儿初生之时，什么都不会做，是什么使他学会了原本不会的东西呢？这是因为每个婴儿先天都具有一种特质，这种特质叫作“吸收”。这种吸收的能力不以任何人（包括婴儿自己）的意志为转移。刚刚出生的婴儿，很快便与环境中的人和物建立起一种非常紧密的依附关系，不但环境中与他亲密接触的人会成为孩子生活的组成部分和精神内涵，而且周围物品的摆放方式及其布局也会成为影响因素。如果哪一部分被替换了，或缺失了，孩子就会感到痛苦。

当孩子成长到能够使用物品时，在某个时间段内只会喜欢某一件物品，当他不再喜欢时，物品的表象已经留在了他的大脑中——孩子通过全身的每一个细胞了解物品，这个了解的过程就是吸收的过程：**不仅吸收了物品的特质，而且在吸收的过程中，形成了对于“这个物品”的个人知识。**它无法通过语言形式进行传播，这是个人知识与普遍知识的不同之处。

如：一个孩子突然对杯子产生兴趣，他会在一个时间段内只喜欢杯子，并用自己的器官不断地与杯子进行接触。通过这样的探索，孩子大脑中会留存各种各样杯子的形状、与杯子相关联的感觉（质量感觉和情感感觉）以及某一个独特杯子在某种时空中所形成的印象，这一切，都将形成孩子关于杯子的个人知识。

当孩子对他人说“杯子”这个词的时候，这个词所体现的内涵就如上面所讲。它完全属于孩子内心独有。如果他试图将其传达给他人时，他人就会将这个词与自己的个人知识相匹配而形成印象，这时的“杯子”就已经不是孩子所说的那个杯子了。

就这样，物品不断被孩子探索和吸收着，成为他们的精神内涵以及个人知识。不断丰富的精神内涵和不断积累的个人知识，必定成为将来孩子思维的实际素材。

成人的言行在不知不觉中影响着孩子

孩子的生活环境可以分为两大部分，一部分是物质的，一部分是精神的。以上我们讲了孩子怎样通过与物品互动吸收物质的部分，下面再讲他们怎样通过与人的互动吸收精神的部分。

孩子生活环境中的成人大都是热爱孩子的人，孩子也热爱他们。相互的爱会使孩子注意成人的语气、动作、爱好、气质、性格等等，将其吸收，并与自己的特质一起形成孩子自己的精神内涵。

小鱼儿马上四岁了，在幼儿园她有一种奇怪的行为：高兴时会又跳又蹦地走到一个她所喜欢的小朋友面前，打人家一下就笑着跑开，一边跑一边往后看，期待对方来追她。有时甚至还有更为严重的逗弄行为，如一把抢去别人的帽子，破坏别人正在做的工作，踢翻墙角的垃圾箱等。做完这类事后，她都会站在远处，嬉笑着看着对方。

老师们一次次帮她建构原则，但她依然我行我素。由于她的这类行为常常会侵犯到其他小朋友的疆界，结果自然会遭到小朋友们的反击。挨了打的小鱼儿不知道出手反击，只是吃惊、不解、恐惧、放声大哭，这种状况持续到后来，小鱼儿不敢来幼儿园了。

经过调查后确认，小鱼儿的爸爸经常使用这样的方式逗弄小鱼儿及小鱼儿的妈妈。于是，园方找来小鱼儿的爸爸谈话。

爸爸冤枉地说："我可是从来没有踢过垃圾筐！更没有破坏过别人的工作呀！"

园长说："问题不在于你是否踢了垃圾筐或者破坏工作，而是你逗弄的方式被小鱼儿吸收了、演变了。小孩子无法判断这种行为方式可使用的范围，更无法判断这种行为方式可扩展的边界，她只知道拿这种方式在身边的人那里去试，而试出的结果，她又无法理解和接受。"

爸爸明白了，在家里改变了行为方式，老师们也乘势帮助小鱼儿校正，经过双方的共同努力，小鱼儿的行为方式有了很大改观。

孩子不但会吸收家庭成员的不当行为，也会吸收与其长期接触的其他人员的行为。

冬子被妈妈和以前的老师认为有多动症，原因是他经常推搡其他小朋友、破坏集体活动，所以常被老师罚站或单独关在屋里。为此冬子不愿意上幼儿园，一到幼儿园就大哭不止。如果强行送去，他就会整天呆坐在某个拐角。

冬子来到孩子之家后，由于环境宽松，被压抑下来的行为便如脱缰野马一样被释放出来了，具体表现为：去抢所有能抢到的东西；去捅所有人的肚子；抢了就跑，捅了就跑。班里经常出现你哭我喊混乱不堪的情况，老师为此非常头痛。

孩子之家的老师去冬子家了解所有家人对待冬子的情况，发现家庭成员中没有任何人具有这样的行为特征，那么冬子为什么会有这种行为呢？老师很困惑。

直到有一天，冬子妈妈来找老师，说想起一件事——冬子一岁多时，小区院内有位老爷爷特别喜欢他，只要他在院子里玩，爷爷就过来逗，不是抢了他手中的东西就跑，就是捅了他的肚子就跑。据妈妈回忆，冬子其实非常害怕那位爷爷，只要一见到他，就赶紧往妈妈怀里钻。让妈妈不明白的是，既然冬子这样不喜欢那位爷爷，为什么还能吸收他的行为？

老师告诉她：原因有二，一是爷爷出现的频率非常多；二是爷爷的行为引起了冬子的注意。频率和注意，是吸收的两个条件。

孩子对语言的学习也是如此。孩子学习语言，不是采用成人学习外语的方式记忆，而是通过吸收得来。就是说，孩子对语言的掌握是一个吸收的过程，而不是研究的过程。孩子学习并掌握的词汇和语言技巧，无论在进度方面还是在复杂性、微妙性方面，任何一个成人都会望尘莫及。由此我们确定，孩子的吸收是一种天然的本能。他能够迅速地、不加分辨地吸收环境中的所有因素，并将其融合，形成自己的人格状态。

这就是无意识学习。这种学习的状态，到六岁就会基本结束。

第二节　尊重孩子的探索过程

那么，孩子为什么会如此不懈地吸收？并且如此迅速、如此持久呢？这是因为上苍赋予了他们一种能力——巨大的内在力量：有吸收力的心灵。

这种力量使得孩子每天只要一睁眼就会一刻不停地活动，一刻不停地学习，一刻不停地工作，一刻不停地吸收。没有任何一个成人能像孩子那样充满活力和富有激情，没有一个成人能够像孩子那样如此持久地保持这种探索的势头。如果成人像孩子那样活动、学习、工作和吸收的话，他们很快就会厌倦和疲惫。孩子似乎永远不会感到累，他们从来不会什么也不做地躺在床上。

如果孩子的探索被成人阻碍，他们就会极其痛苦。如果这种阻碍不断出现，孩子的心理就会扭曲，人格就会有缺陷，智力就会下降，潜能就会遭到破坏。

亮亮是姥姥带大的，在他需要用口啃东西的时期（用口工作），总是被爱干净的姥姥一次次地阻止。刚开始时，只要姥姥拿走正在啃的东西，亮亮就会大哭不止，时间久了，他不再哭了，但变得谨小慎微。

两岁半的亮亮被送到孩子之家后，在宽松自由的环境中，亮亮开始发疯似的咬起了自己衣服，其他小朋友都忙于工作和发展，而亮亮每天只忙着猛咬自己的衣服。他的衣服每天都会被咬出几个洞来。

亮亮之所以这样，是因为在口的敏感期阶段，那股巨大的吸收力量受到姥姥压抑所致。现在，这种力量在修复时重新被释放出来。但是，因为错过了最佳时期，亮亮再也不会获得应该获得的来自于嘴唇的认知了，现在的修复，充其量只是满足了一个心理的需求而已。

人的力量一旦受到扼制，许多潜能也会随之丢失。扼制得越多，丢失得越多。

孩子吸收的力量非常巨大，且令人感动。我曾看到有位父亲抱着一岁的儿子去广场游玩，孩子发现了不远处的台阶，兴奋极了，蹒跚着、手脚并用地一级一级向上攀爬，他的父亲开始的时候还站在旁边看着，后来看孩子爬得很费劲，就抱起孩子噌噌几步走到最高处。没想到孩子却又哭又打，很不开心，父亲不知道怎么回事，骂道："臭小子，你不是要上吗？我把你抱上来你还哭？哭个啥！"

我对那个父亲说："你把孩子抱下去，让他重新爬，他就不哭了。"那人一脸不相信的样子，但还是照着做了，果然，孩子立刻止住了哭声，重新开始爬台阶。

从这个故事中，我们可以看到孩子的需要和这种需要所产生的力量。成人如果不懂得孩子，就会时时处处像这位爸爸一样帮倒忙，将成人的目的当成了孩子的目的。成人上台阶是为了到达顶部，孩子爬台阶是在感受台阶和爬台阶的感觉，是为了爬台阶而爬台阶的。孩子之所以这样，是由内在的需要和力量来决定的。

第三节　什么样的环境适合孩子成长

如果孩子需要吸收环境中的所有因素，以形成自己的精神内涵，那么，这个环境中一定要具有可以让孩子吸收的丰富材料。

孩子是遗传和环境的综合产物。遗传我们无法左右，环境却可以营造。养育孩子的成人必须考虑：我们应该营造一个什么样的环境，才有利于孩子的成长？常言道"龙生龙，凤生凤，老鼠的儿子会打洞”，说的大概就是这个道理。历史上，不乏人类的孩子被动物抚养并沾染其习性的例子，我们从“狼孩”的案例中，看到一个孩子是怎样吸收了狼的特质而最终成为一个“狼人”的。由此我们会更加重视——父母想让孩子成为什么样的人，就得为他营造什么样的环境。

下面为大家介绍营造适合孩子成长环境的几个方面：

首先，我们要准备一个丰富的、可供孩子把玩的物质环境。成人建立家庭的时候，往往按照自己的喜好选择家庭用品，而不会考虑将来的孩子，比如那些对孩子而言过于巨大的沙发、茶几、酒柜、书柜、床垫、被子等。因为这些物品实在太大了，无法使幼小的孩子进行探索和研究。所以，孩子只能对厨房里的部分用品发生兴趣，因为这些用品的大小及形状正好适合于孩子把玩。厨房在孩子眼里是一个最丰富、最诱人的地方，只可惜成人最怕孩子去。

如果成人事先能够考虑孩子的各种需要，如触觉需要、视觉需要、味觉需要以及大小尺寸的需要等等，从这些需要选择家庭用品，尽量让用品既适合于成人又适合于孩子，那么孩子就会拥有一个丰富的物质环境，在环境中获得丰富的感官刺激。感官刺激的多少，决定着孩子未来思维层面的高低。为孩子买过多的玩具不是一个好的选择。成人所需要的整洁也不适合孩子。一些家庭在孩子降生之后仍然万分整洁、一丝不乱，为了保持整洁的面貌而时时处处限制孩子的行动，这就更要不得了。

第二，所有的物品，既要丰富又要有序。这个空间孩子能够独自拥有享用，还可随意选择自己所需要的物品及工作方式。

第三，为其营造适合于吸收的成人环境，使之具有安全、温馨、高品质等特质，这一点更加重要。因为成人的言行会被孩子毫无选择地吸收，所以成人要将自己最好的一面呈现出来。又因为家庭的人文环境是由家庭成员的文化素养决定的，所以在准备抚养孩子之前，家庭成员都要注意提高自己的修养，以便为将来的孩子准备一个良好的人文环境。

有一个例子可以说明这一问题：有一个成年人不爱吃豆腐，她的五个兄弟姐妹也不喜欢吃。有次家人聚会，谈起这个话题，都觉得莫名其妙，不知道是为什么不喜欢豆腐。大家深挖原因，才想起在他们小的时候，妈妈是个做豆腐的，经常表示不喜欢吃，这一好恶于是被子女吸收了，而成为他们的好恶。

第四，简单介绍一下意大利教育家蒙特梭利为孩子成长所需要的环境提出的几个主要构成因素：

1. 自由的环境——孩子只有在自由的气氛中，才能将自己的需要完全地展现出来，成人的责任是辨认孩子自由展现出来的状态，发现需求，给予帮助。孩子在被组织的情况下，无法显示自己的自然状态，成人也就无法发现孩子需要什么，所以也就无法帮助孩子。孩子在没有帮助的情况下，无法完成自己的内在建构工作。

2. 一个有结构和秩序的环境——孩子需要丰富的物质环境，而这些物质环境是有类别和数量的，我们必须将这些物品按照类别呈现在孩子的面前，才能为孩子提供选择的条件。如果我们将这些物品一股脑堆在一起，或者装在一个容器里，孩子就无法按照自己当下的意志来选择自己需要的材料，也就无法形成物体类别的概念。所以在孩子的环境里，所有的物品都要有秩序的分类摆放，按照人类精神所需要的内容进行组合和结构。

3. 真实与自然——孩子要通过对世界中真实物体的探索，获得自己的经验和认识，这就需要我们提供完全自然和真实的物体供他们探索。如果提供的物品是假的，孩子获得的概念就是不自然的，就无法用到将来的个人实践中去。

4. 美与氛围——孩子需要美的熏陶，在美的环境中生活的孩子会发现什么是美的，什么是不美的。当他生活环境中的审美不符合他要求的时候，他就会创造美。人类只有具备了审美需求，才能保护美好的环境，使人类的生活向着美好的方向发展。而美和文化不只是艺术品和文化产品，更是一种能够被孩子吸收的美和文化的氛围，这一切都是成人能够为孩子提供的。

吸收使孩子获得了创造自己的结果，这个结果是精神方面的，包含着人类精神的全部内涵。它们是：

1. 生存的智慧；
2. 学习的智力；
3. 良好的思维形式；
4. 对事物的感受能力和表达能力；
5. 丰富的社会能力；
6. 良好的审美能力；
7. 对探索和学习的热情；
8. 良好的自卫能力；
9. 坚强的意志力。

以上这些都要通过孩子自己的努力获得，任何成人都无法教给他们。由此我们可以做出结论：在孩子精神胚胎期（0—6 岁），教育的唯一目的就是帮助他们形成以上精神内涵。这也就是“早期教育”的主要宗旨。

【第七章】
童年的秘密之二：敏感性

刚刚出生的婴儿还拥有一个了不起的特质——敏感性。这种特性在0~6岁这段时期内最为强烈。

加拿大电影《伴你高飞》讲述一个小女孩儿在一棵被伐倒的大树下捡到一窝野鸭蛋，便将其偷偷放到抽屉里。用一个灯泡给蛋加温，过了不久，小鸭子出壳了。小女孩捧着小鸭来到草地，躺下来看着它们，看着看着睡着了。睡醒后，小女孩发现这群小鸭把自己当成了妈妈，她走到哪里，小鸭子排成一队跟到哪里，没有一个小鸭子掉队。其实，这就是动物的敏感性，只要认准了妈妈并紧紧地跟着妈妈，它们才能活下来，这种敏感性不是别人教给它们的，是与生俱来的。

婴幼儿也是这样，他们常常在一段时间内，只对环境中的某一类或者某几类事物发生兴趣，这时，他们会不厌其烦地研究和探索这些事物，一次又一次地重复这样的研究与探索行为，直到突然爆发出新的动机及兴趣为止。

在这段时间内，孩子所表现出的活力与快乐，是根植于他们与外在世界接触的强烈愿望。正像刚出生的小鸭会执着地跟随第一眼看到的那个动物一样，孩子对于环境中事物的喜爱，也会迫使他们去研究环境。这种喜爱既不是说教、引导的结果，也不是思考的结果，而是一种先天的既定——是“造物主”事先“置放”在孩子体内的，是“成长密码”决定好了的。

在任何一个敏感期里，如果孩子的兴趣与探索受到阻碍，就会丧失以自然的方式向环境学习的机会，就会破坏他们的潜能，导致心理、人格方面的重大缺陷……

0～1.5岁：建构安全感的关键时期

秩序敏感期

婴儿出生后，他的周围出现了一个相对于子宫来说极其广大的空间，物品丰富、形状各异，且都按照特定的位置摆放。环境中的人也是固定的——固定的面孔、固定的语言以及固定的姿态。婴儿出生在这样一个由固定的人和固定的物组合而成的环境中，就会将自己内在的对于秩序的需求与有秩序的外在环境合二为一，并将外在的秩序模式转化为内在的秩序模式。这时，如果秩序被打乱，婴儿就会感到痛苦。

有一对夫妇，常年带着他们一岁多的宝宝旅游，他们来到一座城市住下。旅馆没有婴儿床，就将宝宝放到大床上与他们同睡。可那之后宝宝便大哭不止，也不吃饭。他们找了好多名医，都无法使宝宝好转。后来，宝宝慢慢地开始乏弱无力、全身抽搐。这时候，有位朋友带来一位孩子心理学家来看宝宝。心理学家在查看宝宝和询问情况之后，便将两只大枕头摆成小床的模样再在上面铺上床单。宝宝继续大哭着，哭着哭着开始打滚，一直滚到枕头中间。这时，奇迹出现了——宝宝立刻停止了哭泣，并安静入睡。这是一周以来宝宝睡得最好的一觉。再之后，宝宝的病不治而愈。

国外的旅馆一般都备有婴儿床，在这对夫妇旅游过程中，宝宝一直睡在带栏杆的童床里，这次突然睡到没有栏杆的大床上，导致秩序感的破坏，造成焦虑痛苦。

有位妈妈每天下午四点都会躺在花园的躺椅上，给女儿读故事书。有天她病了，刚读了几句就感到很不舒服，便对女儿说了声对不起，回屋躺在床上。

女儿大哭起来。在场所有人都以为这是因为看到妈妈生病而伤心大哭的，纷纷感叹才这么小的孩子就知道为妈妈生病着急了。于是，成人们不断前来安慰，告诉她妈妈的病会好的。可是孩子仍像没有听见一样大哭。

哭了一会儿，孩子开始拿着书喊叫，躺在床上的妈妈只好忍着病痛走出来，坐在另外一张椅子上读书给她听。但是，无论怎么读，读什么，女儿仍然大哭不止。大家面面相觑，不明所以。

再后来，孩子开始大喊："椅子！椅子!"这时有一个人醒悟过来，将妈妈常坐的那张躺椅的垫子拿来，放在妈妈身边，女孩的哭声便戛然而止。

每天下午四点钟，妈妈会坐在这块椅垫上读书给女儿听，这已经成为秩序固定在孩子心中了。一旦这个秩序打破，孩子就会感到痛苦。当妈妈和那块椅垫重新合为一体时，秩序恢复了，孩子的痛苦也随之消失。

我们经常会遇到这样一些情况：妈妈换了某件衣服，孩子便开始大哭不止，不知所措的成人会用各种方式来哄孩子，孩子就会边哭边说："不是……不是……"这便是孩子心中对于秩序的要求。

有时，家里的某件物品被挪动，孩子也会大哭；如果改变每天从姥姥家到自己家要走的那条路，孩子也会大哭，即便快到家了，也会哭着要求重走；不许妈妈穿爸爸的衣服，不许别人穿妈妈的拖鞋，等等，所有这些都是属于孩子处于秩序敏感期内的正常现象。

秩序敏感期是婴儿出生后所出现的第一个敏感期。这个敏感期从婴儿出生后第三或者第四个月就开始了，大概持续到两岁半左右。专家们发现，孩子对于秩序的喜爱与成人归类物品的乐趣是不同的，孩子喜欢秩序是他们急切需要一个精确的有所规定的环境，因为只有在这样的环境中，孩子才能将自己和自己的知觉归类，并形成内在的概念，从而更深入地了解环境，并决定下一步在环境中的行为。

孩子依靠对秩序的敏感性，以辨明各个物品之间的关系。

研究孩子心理学的专家们发现，孩子具有“一种内在的感觉——并非感觉事物间的区别，而是将环境中所有事物，看成一个包含着许多彼此相关部分的整体。唯有在这个整体的环境中，孩子才能使自己适应并采取有目的的行动。否则，他便没有一个基础以建立起对于各种关系的知觉。”（引自《恢复蒙特梭利》，第31页）

这段话是说：孩子会将环境中各种各样的物体，当成一个彼此相关的整体，就像在母亲的子宫中一样。只有在这样的感觉中，孩子才有安全感，并有秩序地开始对环境中的某一个物体进行探索，只有这样，才能在稳定的基础上逐渐形成对物体的深入感知，并积累起越来越多的经验。

0~2岁：感官探索的关键时期

口的敏感期

婴儿出生后的两三个月左右就进入口的敏感期，这时最明显的特征是将抓到的物体送到自己的嘴里去啃。

这时的婴儿虽然有了大脑器官，但里面的内容近乎空白。先天反射的机制使得婴儿天生拥有吸吮与抓握这样的本能，这就意味着——婴儿最先使用的器官是嘴，其次是手。大脑会统合和比较这些来自嘴唇和舌头的不同质量、不同形状的感受，并将它们留存下来，成为大脑这个器官工作的早期产品——我们将其称为“表象”。

这个时期，婴儿已经暴露在语言环境之中了，并开始吸收语音，逐渐将自己收集到的感受与语音配对，形成有关词汇的认识。口唇的工作，又为说话提前进行着肌肉训练，为将要发展的语言能力奠定了良好的运动基础。

甜甜是一个刚刚被父母从国外带回国的小女孩，一回国就上了幼儿园，那时她才一岁九个月。语言环境的骤变使她成为幼儿园里唯一不会说话的孩子。入园第一天，老师发现，每当甜甜拿到一个新的、无法确定使用方式的物品时，就会将其送到嘴边用嘴唇含一下。比如她拿起一个圆形的筹码，先是平着送到嘴边用嘴唇感受，然后竖着送到嘴边用嘴唇感受，接下来还要反复观察，之后，还要将筹码放在地上，用手拍打并来回拨动（嘴感受完了后，再用手感受）。

老师走过去，为她演示筹码的使用方法后，甜甜马上拿起筹码朝着老师“嗯、嗯”地叫。老师说：“筹码。”甜甜蹲下来，拿起另一个筹码重复刚才的举动。老师又说：“筹码。”甜甜再重复。几次之后，甜甜笑了，才开始用筹码进行工作。

甜甜的行为证实了专家的理论。在孩子口的敏感期，成人应该为孩子提供丰富的可以供他抓握和啃咬的物品，这些物品应该有不同的质量和形状，当孩子反复探索时可以提供简洁的语言配对。如：孩子咬到软的东西，成人可以在一边提示“软的”；咬到硬的东西，成人可以说“硬的”。在这样做的时候，成人切不可反复重复，非要让宝宝听到，更不可以在告诉宝宝之后反复去问宝宝，因为这样做会打断宝宝的工作，影响他的探索。

如果口的敏感期被强行干涉，孩子就只能将来自于口的行为欲望压抑下去，成为将来的心理及人格问题。有的心理学家认为，成年人一些嘴的不良习惯，如：吐唾沫、啃手指头、吮嘴唇、吃零食、讽刺挖苦别人、对他人进行语言暴力等等，都有可能是口的敏感期受到压抑所遗留下来的问题。

朱朱的多动症获得解决后，六岁的他突然开始吃手指，有时甚至会将身边人的手指拉过来塞进嘴里吮吸。每当这个时候，朱朱就会两眼发呆，什么事情都不能做。有一次小朋友们一起搭积木飞船，朱朱总是在其中帮倒忙。于是，孩子的“首领”指派另一个孩子看管他。由于负责看管的孩子年龄太小（比朱朱小两岁），所以很难控制住他，不得已便朝其他孩子呼救："不行啊，我看不住他了！"孩子的"首领"快步赶来，将自己的食指伸进朱朱口中，朱朱便立刻安静下来，眼神迷离，忙着享受唇欲。

表面看，朱朱像是重新回到了口的敏感期，并享受着来自口唇的感觉，但实际上，已不是纯粹的口的敏感期了。这时的吸吮行为带给朱朱的只是心理问题的治疗，却无法弥补早年的由于口唇认知受到阻碍所造成的发展方面的缺憾。

手的敏感期

口的敏感期需要手的配合，在这个过程中，婴儿发现了手的存在（在此之前，他虽然使用手，却意识不到手的存在）。当婴儿的注意从口转向手的时候，感觉的中心也会随之转移。这时的婴儿急切地用手感知事物，不但使感知的范围急剧扩大，而且与成人的冲突也在急剧扩大——婴儿需要将成人所使用的材料作为自己探索和研究的材料，但这种研究和探索有可能是破坏性的。家庭中的物品大都是成人的心爱之物，一旦成为婴儿的工作材料，很难会用爸爸妈妈那样的情感爱护它们。

比如会将妈妈极为珍惜的丝巾拉过来拍打撕扯，以感受那种柔软的感觉；会将正在吃着的香蕉抓捏得稀烂，去体会那种黏糊糊的感觉；弄破一只鸡蛋，发现这个圆圆的蛋壳里有一些黏黏的东西时，就会弄破第二只……在这个时候，孩子的探索往往会与成人的价值观发生较大冲突。

有一位宝宝是被姥姥照顾的，刚开始学走路的他不停地满屋子乱跑，这让姥姥很是担心。为了避免危险，姥姥不停地惊慌失措地从宝宝手中抢走那些她认为危险的东西，一次接一次的“战争”，姥姥被累得精疲力竭。

有一天，姥姥干脆将厨房里所有的危险品都藏了起来，索性让宝宝进去玩个够，姥姥就坐在门口的凳子上休息着，之后还拿出一捆菜，慢慢择了起来。“战争”平息了，双方都很安静，姥姥也非常欣慰。这样过了一段时间，等姥姥再次进入厨房时，却发现宝宝已经将放在地上的一篮鸡蛋弄破一大半，地上、身上一片狼藉。宝宝坐在地上，兴奋地用手拍着蛋壳和蛋黄，姥姥进来也浑然不觉。

姥姥赶紧将宝宝抱到屋外，打算清理现场。宝宝挣扎着大哭起来。姥姥一看孩子这样痛苦，于是就将孩子重新放在地上，随他去了。等姥姥再次回到孩子身边时，发现那些鸡蛋已经被打得一个都不剩。

在这个故事中，姥姥无意间做了一件正确的事——满足了孩子用手探索鸡蛋特质的心理需求。在这里，成人不能用“浪费”与“节省”这样的概念来评判事情的性质。我们可能无法严格评定在这个过程中，宝宝将会获得怎样一种发展，但有一点是肯定的——宝宝会像大自然中的任何生命一样，到了某个阶段势必显露某个阶段的发展特征。

一粒种子埋进土壤几天以后就要发芽，发芽几天以后就要出苗，出苗一段时间就要长叶，长叶一段时间就要开花、结果……作为孩子的父母，我们还有什么理由不让孩子顺应于他的成长规律？

有一天，幼儿园的一个班在院子里上“水利工程课”。这是一个混龄班，年龄从两岁到五岁不等。“水库”和“水渠”挖成了，老师提来水，倒下去，让水从“水渠”流淌到“水库”。

这时老师们发现，这群孩子由于年龄的不同，而形成两种截然不同的工作情景——两岁左右的孩子只是用手感受水和泥巴，而不去使用，三岁以上的孩子则热衷于水在渠里流淌的效果并在渠上架桥、用泥巴砌墙……

两岁左右孩子关注的，是事物本身的特质，三岁以上孩子关注的，是事物之间的关系。

孩子对于事物的不同关注，是由其年龄及不同阶段的敏感性所决定的，如果我们让一个两岁的孩子不去感受泥和水的特质，而去拿泥巴砌墙，就会造成认知的混乱，就会破坏孩子的建构程序和成长规律。

腿的敏感期

再之后，孩子急切地需要扩大自己的探索范围，其实在手的敏感期来临之前，他们就已经试图通过自己的运动方式到达目的地了。刚开始，他们试用爬行的方式，由爬行引发腿和手的协调运动，从而增加了腿和手的肌肉力量以及运动神经的控制能力，这为后来的行走奠定了基础。

孩子能够行走了！行走使他比以往任何时候都备受鼓舞，因为他从此获得了真正的独立。

行走能将孩子带到任何一个他们想去的地方。这时的他们对走路表现出无限的痴迷。孩子为了感受腿脚与地面碰触的感觉而不断行走着，为由腿、脚将自己带到目的地而欣喜不已。遗憾的是，许多成人这时候根本顾及不到孩子对于走路的内在愿望，常常会以安全为由阻止他们的探索。

除了走路，这个时期的孩子还有一个明显的特征：哪里不平往哪里走，甚至哪里脏往哪里走。这个特征会造成孩子与成人的激烈冲突。因为成人的行走是以追求效率为前提的，大都会挑选那些近的、平坦的道路，所以不能理解和忍受孩子的这种“不讲效率”的行为，每当孩子这样做时，就会强行将其从“不好的路上”拉回到“好的路上”。让成人尤其不能理解的是，被拉回来的孩子一般都会大哭不止，并要求回到原来的路上。

有的成人会让刚学会走路的孩子穿那类会响的鞋子，他们不知道，这类鞋子在孩子走路时发出的尖利响声会严重干扰他们对于腿的感受以及对周围事物的观察，因而心烦意乱，情况严重时，会要求妈妈抱，不再愿意享受来自腿部的感觉。

正确的做法是：紧跟在孩子后面，既保证他的安全，又满足他的愿望。

蒙特梭利认为：“一个一岁半的孩子可以走好几里路不会累，但小孩子在走路时不像成人那样在心里有一个目标。幼儿学习走路是为了发展自己的能力，印证自己的存在。他慢慢地走，既没有节奏，也没有目标，但是四周的景物都吸引着他，鼓舞着他继续向前。如果成人这时想帮助孩子，他必须放弃自己的步伐与目标。”（引自《恢复蒙特梭利》，第 33 页）

一位妈妈提着手包走在前面，孩子蹒跚着跟在身后。突然，孩子停了下来，眼睛盯着路边的石沿。片刻之后，孩子抬起脚，踩到那道石沿上面，然后又下来。他的表情十分欣喜，并不断重复这一动作。妈妈这时也停了下来，大喊孩子快点走。喊了许多声，孩子却充耳不闻。妈妈实在不耐烦了，便走过去将他拉回到路上。

就这样，这位妈妈粗暴地打断了孩子用腿探索石沿的举动——她不知道，这种探索对孩子来说是一次多么珍贵的机会。

回到路上的孩子又对路边由于下雨积的水洼发生了兴趣，小脚丫在水里呱唧呱唧地踩着。他在感受腿脚踩在水洼中的那种感觉。这时妈妈担心孩子弄脏了鞋子，快步走过去一把将他拉出水洼。孩子边走边回头，无限留恋。妈妈拖着孩子向前走着，对孩子的愿望浑然不觉。

成人给予孩子敏感期需求的满足，就是对他们成长的最大帮助。成长是每一个孩子的天赋权利。父母如果想让自己的孩子将来变得优秀，就应在他小的时候解读他，因为只有这样，才能“容忍”孩子的种种探索行为。

2~3 岁：语言发展的关键时期

孩子从无声的世界来到了一个有着丰富语言的世界，如风的语言、水的语言、猫的语言、狗的语言、器皿碰撞的语言，等等，孩子为什么只去学习人类的语言，而不去学习其他语言呢？

专家研究发现，孩子的听觉器官只对某种特殊类型的声音（语言）做出反应。孩子大脑中存在着专门区分人的声音与其他声音的语言机制。孩子一旦进入语言环境，语言的机制就被激活，开始区分各种声音，并将人类语言逐渐变成自己的语言。由于孩子具有这种特殊的能力，语言的使用就成为顺理成章的事了。

婴儿在四个月大时，会发现那些让他着迷的声音来自人的嘴巴，接下来发现是嘴唇的运动产生了这些语言。我们常常会看到，一个被语言吸引的婴儿呆呆地、着迷地盯着正在说话的人的嘴，这种吸引会直接促使他们对成人的嘴的动作进行模仿，学习语言的兴趣也被唤起。如果这时的婴儿不是处在一个语言的环境中，这些将不会发生。

人们还发现：聋哑人的孩子也能够学会流利的人类语言，这是因为他们的父母虽然是聋哑人，但周围的亲戚朋友会介入进来而形成一个相对理想的语言环境。相反，那些曾被动物收养的人类孩子却无法用人类的语言表达自己，是因为他们与人类的生活隔绝了，从未进入过人类的语言环境，致使先天的语言机制得不到激发。

六个月大的婴儿开始会发出一些单音，一岁时能说几个单词，之后，在经历一个较长时期的积累期后，突然开始暴发式地学习说话，从而有意识地掌握语言的愿望变得越来越强烈。

这时的孩子急于与别人交流，由于语言能力贫乏，常常会因为成人不理解他们的意思而大发脾气。两岁之后的孩子，会逐渐将他们获得的对于事物的感受与语言配对，而形成相关概念。

在孩子的语言敏感期，成人必须了解语言发展的阶段性，从而科学地帮助他们。成人所要做的是帮助他们去实现这一自然过程——第一，提供一个统一的语言环境；第二，在孩子无法恰当地用语言表达自己而乱发脾气时，能平静地倾听，并试图用双方都能明白的语言表达孩子无法表达的内容。

有一对双胞胎两岁大时仍然不会说话，着急了就会咿咿呀呀地说着一种谁也听不懂的语言。是什么原因造成这种结果的呢？调查发现，孩子的母亲在他俩很小的时候就离开了，而家中提供的语言环境过于繁杂——从零岁到2岁，家中换过四种语言环境，前后四位保姆说的都是各不相同的方言，致使孩子在吸收语言时，无法找到一种固定的模式，只能依稀吸收那些各不相同的语音，所以，两岁大的他们，在需要表达自己的时候只有语音没有词，说着一种难懂的语言。

只要孩子是正常的，他们都能在语言敏感期内基本学会任何一种母语，无论这种母语简单还是复杂。而且，所有正常的孩子在这一阶段（或者其他阶段）内发展的水平基本相当，只有极少数的拥有语言天赋（或者存在语言缺陷）的孩子，才会在语言学习的进度方面超过（或者落后于）同龄的孩子。

3～4岁：主体与客体探索关键时期

自主敏感期

当孩子能将学到的词语与认知的事物、感觉、情感配对后，就会在大脑中使用这些带有语音的表象进行工作（亦即使用概念工作），这时，真正的思维就出现了。

也就在此时，孩子发现了“我”的存在。发现了“我”，也就意味着孩子能将自己与别人区别开来，能将自己与物体区别开来。也只有这时，孩子才会发现事物是有归属性的。

这个时期的孩子不愿与别人分享自己的物品，常常强调某某物品“是我的”，不但不让别人使用，即便物品被动一下也会大哭。表面上看，这种特征类似于传统意义上的自私，其实不是——孩子刚刚发现在生活的环境中有一些物品属于自己，另一些物品则不是，这就导致他们对于物品安全感的缺乏。在没有建构起物品流通的概念之前，孩子对物品只有归属性认知。

孩子必须经历一个漫长的阶段，在群体生活中逐渐发现物品真正的归属性质和流通性质，才能够放松地看待属于自己的物品。另外，这一时期的孩子，仍然认为自己看到的就是别人看到的，自己需要的就是别人需要的，自己的想法就是别人的想法。

有很多家长都将这一特征当成孩子的自私表现，并为此培养大公无私的精神，比如呵斥孩子的种种“自私”行为，强行将属于孩子自己的物品分给别人。

这种做法会造成孩子对于物质安全感的缺乏，尤其会导致孩子成年后没有自我、不能坚持自己的主见、人云亦云等不良后果。自主敏感期是建构自我的阶段，家长应该充分认清它的意义。

晴晴出生在一个物质条件比较优越的家庭，却对公共物质和他人物质非常贪婪，用妈妈的话说“很自私”。

有天中午，在幼儿园，吃完饭后孩子们上楼午睡了，有两个从不睡午觉的孩子被留在楼下，他们是晴晴和陶陶。这时一位老师开始吃自己的午饭：火腿面包，一碗稀饭，一盘西红柿。吃饱饭了的晴晴开始在老师身边转悠，无论如何都不愿离去。老师问：“你吃过饭了吗?”她点点头。老师吃几口，晴晴凑过来，问：“老师，我可不可以吃一片西红柿?”

老师点点头，晴晴便扑向碟子，将整个脑袋盖在盘子上方，狼吞虎咽起来。这时正好有一个电话需要老师去接，等接完电话回来，发现满满一碟西红柿只剩下三片……这时，陶陶进来了，眼巴巴看着晴晴在吃。老师走过去，对晴晴说："剩下这三片咱们三人分享吧，每人一片。"

晴晴问："那，我能不能在老师这片上咬一口？"

老师刚刚点了一下头，晴晴就伸出小手，拿起那片西红柿，在上面狠狠咬了一大口。老师这才反应过来是怎么回事了，便对晴晴说："这一片被你咬过了，已经属于你了，你就吃吧。"晴晴闻言，便快速夹起另外两片，在上面各咬一口，然后，用期盼的眼神看着老师。

老师按原则办事，拿出水果刀，将晴晴吃过的地方切掉，与陶陶分享。

之后，老师开始喝稀饭，喝着喝着，抬起头，遇到了晴晴渴望的目光。老师想：如果不满足她，"得不到"就会更加剧她物质安全感的缺乏，于是，明知晴晴已经吃得很饱，老师还是将饭碗递过去。晴晴抱起饭碗，一通猛喝。等她放下碗时，老师看到碗里的稀饭被喝掉了一大半。

老师端起饭碗要喝，嗅到碗里有一股很腥的气味，心想这碗可能被厨师盛过生鸡蛋，后来忘记了，就又盛了稀饭。老师不愿再喝这些稀饭，便将碗放下。晴晴这时凑过来说："老师，如果放点糖，就更好喝了。"

最后，老师拿起面包吃了起来，刚吃一口，晴晴又凑上前来，问："老师，我可不可以吃一点里边的火腿肠？"……

我们发现，晴晴和其他小朋友一起分享食物和物品的情况也大致如此。

晴晴的贪吃使她在以前的幼儿园里很受排斥，不但小朋友们不喜欢她，老师也不喜欢她。所有这一切不但加重了晴晴对于物质的贪婪，还因此造成了她其他方面的心理问题，以至于她不得不从以前的幼儿园转了出来。

是什么原因造成晴晴的这种状况呢？

原来，在晴晴自主敏感期时，妈妈将女儿不愿与其他人分享食物及物品的正常行为当成了自私，于是开始了大公无私的教育。每次家里来了小客人，妈妈都会逼着她拿出属于自己的食物与他们分享，如果不从，就斥责甚至打骂。

现在，晴晴的爸爸妈妈接受了幼儿园的调整方案：

在家中，妈妈不再劝女儿将自己的食物和物品分享给别人；在幼儿园里，禁止老师动员晴晴将自己的东西分享给别人。这样，无论在家还是在幼儿园，晴晴都对自己的财产拥有了绝对的控制权。

妈妈每次把买来的食物分成三份，每人一份。刚开始时，晴晴会将自己的那份藏起来，转而向父母索要，每到这时，父母都会给她一些，但不是全部。

在幼儿园，妈妈每天都会让晴晴带一些她最不喜欢吃的食物前去，这样在小朋友们互相分享时，晴晴便会拿出来分给大家。

几个月之后，晴晴已能将自己的物品随意送给别人，或者随意地将自己的物品放在别人能够拿到的地方——各种迹象表明，晴晴的问题正在逐步获得解决。

执拗敏感期

自主敏感期使孩子认识到了“我”的存在，并由此获得了对于

"我的权利"的认知。这个敏感期过去之后，孩子不再对身边物品的归属过于计较和紧张，而将"我"的认知从物质领域扩大到非物质领域。如：对人的权利界限的探索，对事物空间、时间、体积、永恒性和归属性的探索，等等。这是一个更深层次的领域。当孩子把对物质领域探索所形成的经验和知识用于非物质领域时，就会遭到巨大的失败。这个时期内，孩子在成人眼里所表现出来的状态是：任性，蛮不讲理……

晶晶三岁多了，有一次，她要求来接她的爸爸帮她将两个小拇指大小的玻璃珠摞在一起。爸爸是位受过初步现代教育理念培训的家长，所以没有按照自己的经验说"这不可能"，而是拿起玻璃珠往一起摞。他以为，如果女儿发现两个光滑的珠子无法垂直摞在一起时，就会接受这个事实，没想到多次失败之后，女儿反倒大哭起来，并将手中的珠子砸到地上，还用她的小拳头捶打爸爸。爸爸苦笑着对老师说："看这孩子，脾气就是犟。"

老师告诉他：这不是脾气的问题，而是她无法理解两个珠子为什么不能按照她的要求，像积木那样一个一个地叠加起来的问题。想让两个珠子叠加在一起，这种需求在她的内心太强烈了，让她承受不了失败，所以才发脾气。

这就是执拗敏感期。

还有一次，晶晶让爸爸在纸的中间写一个"5"字，爸爸写了，晶晶让他再写一个，爸爸心想纸的中间怎么能同时写两个"5"呢？可女儿非让写，就只好紧贴着那个"5"，在右边写了一个，晶晶不干，爸爸在左边写了一个，晶晶还是不干，爸爸又在上边下边各写了一个，结果晶晶哇哇大哭，没办法，爸爸只好在中间那个"5"上面用笔描了一遍，这回晶晶干脆把纸撕了，又是哭又是喊的："那是同一个“5”，我要你在纸中间再写一个！”做父母的遇到这种情况多半都是认为孩子太不可理喻。

其实，孩子发脾气的原因，只是因为不理解事物的空间法则，不理解这些法则为什么不听从她的指令。这是初入这个世界的人在探索和认识这个世界的过程中必然要经历的事情——试误。

在经历了多次的发脾气和哭闹后，发现事物的法则仍然不会按照她的要求发生改变时，孩子就会学着改变自己，以顺应这一法则。这时孩子就成长了。

有一个三岁的小男孩，拿着一张纸和一支笔来找老师，要求老师给他画一只锅，锅里有三粒豆子，一个跳出来，一个蹦出来，一个待在锅里。

老师两眼发直，虽然知道很难达到他的要求，也只好硬着头皮去画。先画一只锅，问孩子：“可以吗?”他点点头。再画一粒豆子，说：“这一粒待在锅里。”孩子点点头。老师用笔从锅里往外画，嘴里发出“吱”的响声，同时拉出了一道弧线，在弧线头处画了一个点，说：“这是跳出来的豆子。”孩子不吭声，但没有反对。

再往下画，老师就作难了，因为“跳”出来和“蹦”出来在绘画的表达方面是一样的，如何画出二者的区别，并让这个孩子认同呢?

无奈之下，老师只好画了一条直线，在直线头上画了一个点，说：“这是蹦出来的那粒。”孩子抓住老师的手，说：“不行，你要画蹦出来的。”老师说：“好，好！我们再试一下。”便画了一条略微弯曲一点的线，同时嘴里说：“看，蹦出来的。”孩子急了，说：“不是那样蹦的，是蹦的。”

老师心想：这个孩子想要的是豆子从锅里蹦出来的那个过程，

而不是豆子本身，这可如何是好？但孩子坚持着，不画不行，老师只好再画了一个。孩子看了，大哭起来。

老师只好平静地坐在他身边，等他发完脾气之后对他说："老师真的没有办法，那个蹦出来的豆子老师真的没办法画。"

孩子坐在老师怀里伤心地抽泣着，断断续续地说，"是三粒豆子。"

老师听了眼睛一亮，赶紧说："那老师把那几粒豆子擦掉行不行?"孩子点点头，于是老师开始擦，谁知擦了不到一半，孩子便大哭起来，说："不行，要刚才那样。"老师说："那咱们再拿一张纸，重新再画一次可以吗?"孩子说:"不行，就要这张纸，要刚才那样。"

老师明白，孩子的意思就是要回到先前画了三粒豆子的那个时间，那是无论如何都无法做到的，因为时间不能逆转。但这一自然法则孩子是无法理解的，而成人又无法用语言让他明白，成人唯一能做的，只有倾听——安静地坐下来，倾听他的哭诉，忍受他的脾气，让他发现他的要求根本无法达到。

完美敏感期

当孩子关注于物体的体积和形状后，就开始出现了有关物体形状的审美。当他们爱上一个物体，就连它的形状也一起爱护起来，发现一个完整的形状就像发现新大陆一样感到愉悦和鼓舞。如果有人破坏了物体的形式，或达不到他们对事物形式的要求，就会不依不饶地发脾气、哭闹。只有这样，孩子才能发现完整与残缺，建构起自己内在的对于美的需求。

包包早上要吃饼，妈妈给他买了一个圆形的烤饼。包包得意地拿着那个饼看来看去，临进幼儿园的时候，妈妈说："你一个人吃不了一个饼，妈妈吃一块。"说着妈妈便从饼上掰下来一块。包包生气地将手中的饼砸到地上，站在那里大哭。妈妈是接受过孩子教育培训的，知道自己做了错事，赶快跑到对面的饼摊上重买了一个，递给包包。包包脸上挂着眼泪，两只手郑重地拿着饼，递到妈妈嘴边，说："妈妈咬一口。"妈妈从饼边咬了一口。包包举着饼微笑着对妈妈说："看！月亮。"原来包包不是不愿意和妈妈分享饼，而是为妈妈破坏了饼的完美形状而感到痛苦。他要拿着这个圆形的饼从边上一口一口地将饼子吃完，这样在他的心目中，这个圆形就被完整地吃到了肚子里。

曾经在报纸上看到一篇小文章，说：要加强对独生子女孝敬父母的教育，由于人们对独生子女的照顾太周到了，儿女变得不懂得感激父母的养育之恩。写这篇文章的理由是：记者看到一位家长在炎热的周末带着他三岁多的女儿到外面玩，一上午玩得很尽兴。在车站等车时，妈妈发现包里还有一只完整的黄瓜，便把黄瓜拿出来递给女儿，但妈妈也口渴难忍，就从女儿的黄瓜上掰下来一小块，说："给妈妈吃一点。"不想女儿却大哭不止，惹得周围的人都用好奇的眼光看着这对母女。妈妈可能会觉得，自己一上午陪着孩子，又累又渴，把所有的好东西都给了孩子，剩下最后的一根黄瓜，这孩子怎么都不肯让妈妈吃一口？

如果这样想，的确会让所有的母亲都伤心。但如果懂得了孩子，就会换一种方式去理解。在炎热的夏天，包里掏出来的最后一根小黄瓜，该是多么珍贵，多么可爱，孩子一定很珍惜它，所以才不愿意把它掰成两段。也许孩子希望妈妈从一头咬一口，自己再咬一口，这样就不会让孩子感觉完美被破坏而痛苦和哭闹。

小鱼儿属于比较乖的孩子，可有一天，妈妈出门穿外套时，不小心把内衣的袖口卷到上边了，小鱼儿很烦躁地嚷嚷“不得劲”；穿裤子时不小心把秋裤卷到上边，也会很烦躁地嚷嚷“不得劲”；穿袜子时，肯定也会遭遇“不得劲”；洗脸洗手时，稍有水滴弄到身上，弄到袜子上，也会大叫“衣服湿了，袜子湿了”；吃东西，喜欢要完整的；铺床单时，也是让妈妈反复铺到特别平整为止；早上扎头发，必须要自己亲自挑选头花……

小鱼儿这是怎么了？怎么开始跟妈妈较上劲了！直到有天听老师讲，小鱼儿进入了完美敏感期，妈妈才恍然大悟，开始小心地不破坏孩子对完美的需求。

完美是人类美好的需求，保护了这一需求，也就是保护了人类提升自己的需求。

5~6岁：社会与文化认知关键时期

文化敏感期

从自主敏感期开始，孩子逐渐开始探索和认知人类的精神产品。在人类精神产品中，文化属于最灿烂的一颗明珠。四岁以后的孩子，对文字、算术、科学、艺术会产生极大的兴趣，他们不再像三岁或两岁时那样盲目地问为什么，而是就一个领域提出自己的疑问和设想。

一个四岁半的孩子会问："老师，为什么五加四等于九?"老师以为他不知道加法的概念，于是拿来九个水果，再从教具里拿出加号和等于号进行演示：先摆放五个水果，再摆放加号，加号的后边又摆放四个水果，之后对孩子说："你来数一数，共有几个水果?"孩子不耐烦地说："我知道等于'9'，但是为什么那个写着的'5'，加了写着的那个'4'，就等于写着的那个'9'呢?"

老师明白了——孩子并不是不理解"五个实物的水果"加上"四个实物的水果"等于"九个实物的水果"，而是不理解"写在纸上的五个数字的水果"加上"写在纸上的四个数字的水果"等于"写在纸上的九个数字的水果"这一问题！他不理解"纸上所写的数学算式"对于"实际物体"的表达形式！"五个实物"与"四个实物"加起来等于"九个实物"他能理解，可"写在纸上的这些符号"为什么也能加在一起，并且还能等于"一个数字"——这一点他就不明白了！

这是一个根本的疑惑。而这个疑惑，是那些被教出来的孩子无法发现的，只有那些在自然状态中对人类文化产生兴趣、并自由探索着的孩子才能发现。

上幼儿园的抗抗突然对书的产生过程发生了兴趣，总在问：是谁把故事写到书上去的？他是怎么把他的故事卖给别人然后自己赚到钱的？

老师根据他的疑惑，设计了一堂"书是怎样来的"的生成课程，当课程结束后，班里很多小朋友开始造书。抗抗是其中最勤奋的，每天都要造出一本书来——先将纸折成书的样子，请求老师帮他装订；再将图画在每一页纸上，然后口述故事，请求老师帮他记录在图画下面。为了把书做得更像，他每天都要研究各类书籍的封面和封底，老师很快发现，在他造出来的书的封面和封底上还出现了下一本书的内容简介。

在这个时期内，只要对文化探索的兴趣不被破坏，孩子的内心必将产生用于将来学习文化知识的巨大动力。

社会认知敏感期

从五岁开始，孩子便开始对人群的组合发生兴趣，并进行各种人群组合形式的练习。由于对父母婚姻的组合离孩子生活最近，孩子就会先从这里开始探索。这就是所谓的“婚姻敏感期”，亦称“社会认知敏感期”。

此时，孩子最爱探究谁和谁结婚了。如果他们喜欢某个人，就会要求与其结婚。在这样的探索过程中，孩子发现了情感，并练习处理情感，从而认知了人类社会的组成形式。

五岁男孩志明在幼儿园里向大家宣布：要跟同岁的女孩琦琦结婚了！听到这个消息，没有一个孩子感到吃惊或者嘲笑。老师也认为这是一个孩子的探索行为，便点着头说：“等你俩长大了，就可以结婚。”没想到过了几天，男孩的爸爸打来电话说，他的儿子想要结婚，还非要老师给“操办”一下。

处于自然成长中的孩子经常会要求“结婚”。有的是孩子在外参加了别人的婚礼，需要用“过家家”这样的形式进行模仿，有的则是因为他们从爸爸妈妈的生活中，发现一男一女只要结婚了就可以待在一个家里。

园方观察了志明整个婚姻敏感期的过程。

“婚礼”过后，在幼儿园，志明与琦琦不断地用“过家家”来模仿各自的父母——志明搬来几把椅子围住桌子，来表明他们的家。假装上班，临走前对琦琦说：“老婆，把家看好，谁来都不能进。”琦琦回答：“老公，晚上早点回来，回来要带一把菜。”

这并不像三到四岁的孩子玩的那种普通的过家家游戏。在那种游戏中，角色常常是互换的，今天这一对，明天另一对。而琦琦和志明的“过家家”却含有明显的感情因素，他们在内在的认知上更像是一对好友，认为这样的好友应该是夫妻了。他们把父母的婚姻形式与自己的情感配了对，而构成一种类似的情境。

过了几天，琦琦不愿意上幼儿园了。她的妈妈说她非常伤心，问她为什么，只是说“中午睡觉……”其他什么都不肯讲。

老师得知后，以为可能因为琦琦以前从未得到过老师待在床边的护理，看到老师护理别的孩子，自己也想获得这种机会，所以到了中午，老师就来到她的床边，对她说：“老师今天中午陪你午睡。”

琦琦仍然一副难受的样子。老师心想是不是感冒了，便取来温度计给她量体温，发现没有问题。这时琦琦开始用拳头打床，越打越重。老师问：“琦琦，怎么了?”琦琦说：“志明……志明……”

老师回头向志明睡的方向看去，看到隔着一排床的志明正在与临床的女孩盈盈热火朝天地聊天。老师恍然大悟——原来琦琦妒忌了！

这时的琦琦已经趴在床上大哭起来，边哭边说：“我不想让他和盈盈结婚！”老师背后劝志明要对琦琦好一些，志明说：“我对琦琦好，也对盈盈好。”

这个例子中让我们看到，孩子对于婚姻敏感期的探索和其他敏感期的探索一样，有一个试误的过程。志明认为结婚仅仅是个仪式，琦琦则认为结婚就是两个人亲热地说话。

但是，这种对于婚姻的幼稚认知并不影响孩子对于人群组合的认知，他们会继续探索作为“单个的人”和“由多个的人所组成的家庭”之间的区别。人的情感成长像身体成长一样，也要经历一个由不成熟到成熟的过程。在孩子能够意识到自己情感时，同时也会发现“结婚”这种能使有情感的人永远待在一起的理想形式，并提前地、浪漫地采用这一形式，以此来约定自己与所喜欢的那个人之间的关系。

过了婚姻敏感期的孩子，在情感上要经历一个比较长的潜伏期，到了十六岁，情感与性突然成长，十八岁左右基本成熟。到了那时，如果他们能够回忆起儿时的情景，一定会感到万分可笑。

有个名叫晴晴的女孩有一天突然问老师：“你和谁结婚了？”

老师指了指远处等待她的先生。

晴晴看了看，带着遗憾的神情说：“怎么是他呀？”

老师问她：“有什么不对吗？”

晴晴答道：“你应该和程主任结婚。”

程主任要比这个老师小十岁，在幼儿园和孩子们关系非常融洽，所以晴晴希望自己喜欢的两个人在一起。

老师对晴晴说：“我已经和他结婚了，就不能再和程主任结婚。”晴晴听完，若有所思地走开。

第二天，晴晴又来找这位老师，问：“你跟你丈夫进了一间房子，你俩结婚了，你跟程主任也进了一间房子，你俩为什么不能结婚?"

老师说："我和丈夫进的那个房子叫作'家'，进到家的人，都是有血缘关系和婚姻关系的人，不是子女关系就是姐妹关系，或是夫妻关系。而我和程主任进的房子叫作'单位'，进到单位的人叫作同事，同事在做一件共同的事，所以要在一间房子里。"

之后，老师带着幽默的口吻说："还有，我比程主任要大十岁，如果在一个家里，他就只能当我的儿子了。"晴晴听完，仍然若有所思地走开。

第三天，晴晴一来园，激动地揪住老师的衣领说："老师，我有一个好办法，如果你和程主任一起出生，不就可以结婚了吗?"

老师说："如果要让程主任和我生在同一天，就得先让他的妈妈和我的妈妈提前认识，说好了同一天怀孕。但这不可能，因为我们两家离得太远，没有这种机会。再说了，即便同一天怀孕，也不能保证同一天出生啊。"

晴晴仍旧每一天都会想出新的办法，直到有一天老师给她讲解有关年龄、爱情和婚姻的关系之后，晴晴才将此事放过。

从这个案例中，我们看到孩子对社会中人群结构的探索过程，在这个时期内，如果成人动辄加以嘲笑，势必会阻碍孩子的发展需求。

经历了婚姻敏感期的孩子，不但发现了情感，也学习了处理情感的技巧，无论在认知方面还是心理方面，都会获得一定程度的成长。

【第八章】

童年的秘密之三：阶段性

第一节　孩子用身体发展自己大脑的时期——感觉运动时期

两岁之前，我们叫作感觉运动时期。孩子的发展过程，奇怪地重复着人类进化的全过程，人类是从水生的单细胞动物，进化到水生动物，再进化到陆地蠕行动物，然后进化成为爬行动物，再到直立行走，从远古时期开始使用工具和符号，最后成为真正的人。孩子也是这样，一开始他们只是单细胞动物，然后成为像鱼一样生活在水里的动物，在刚出生时他们是蠕行动物，不久就发展为爬行动物，很快他们就进入到直立行走的阶段，在后来他们开始探索环境，开始创造性地使用工具，到出生两年后，他们已经开始试着使用符号来表达自己。这是人类发展的规律，任何人都无法改变的规律，但人类却能通过自己的作为遏制住一些发展阶段，让这些发展阶段不能实现，这就是我们扼杀人类潜能发展的行为。

孩子的头两年就像远古时期的人类，由于没有经验，无法通过直接使用大脑去思考和获得解决问题的方案，这个时期的孩子们在忙着创造他们自己，创造他们自己的行为模式，自己的思维模式，自己的性格，自己的爱好，自己的思想，自己的对世界的认识等等，这些内容组成除了肉体以外的那个精神的人。

所以在六岁之前，孩子要干这么了不起的事情，而且这些事情成人无法教给他们，孩子无法像我们成人那样创造成人要的物质和环境结果。不但如此，孩子的个人经验也不能理解那些由成人创造的知识。

婴儿来到这个世界，展现在他面前的所有事物都是新鲜而刺激的。孩子神经系统的成熟不是一下子全身一起成熟起来，而是从头部朝脚部逐渐成熟起来，当孩子的头部神经开始成熟的时候，他们的嘴巴就变得敏感起来；当脑神经成熟到手时，孩子就会见了什么抓什么；当成熟到脚时，孩子就会不停地走路。这一切的肢体敏感期，给孩子带来了最初的大脑工作模式和大脑中有关个人对物质的讯息。这是日后进一步发展的基础。

孩子通过嘴巴、眼睛、耳朵、手和脚来探索和思考。所以在他们思考的时候，在我们成人看来就像是在玩耍。这样形成的大脑工作，成为将来孩子一生用来学习和生活的大脑工作能力。所以，孩子认知的形式不会像成人那样，仅凭听录音、读文字就能获得。实际上，成人通过这种途径所获得的仍然是以前感觉的积累，而这些积累，其中很大一部分源自童年。

在这一时期，成人一定要帮助孩子完成他们的运动——为他们提供运动的机会和丰富的可供感觉的材料，给他们运动的自由。

这个阶段一般会持续到两岁左右。

第二节　早期的大脑工作
——前运算时期

从两岁到六岁，孩子会在概念量逐渐增加的前提下，将这些框架补充完整。当大脑中积存了一定量的事物表象时，孩子就会使用这些表象（在大脑中）进行工作。表象积累得越丰富，工作材料也越充实。这种大脑的工作，也就是我们通常所说的思维。这个阶段被称为前运算时期。

比如：一个在感觉运动时期对杯子发生兴趣的孩子，会连续几个月只对各种各样的杯子保持浓厚的兴趣，他会由一只杯子开始逐渐注意到其他类型的杯子。当对杯子感兴趣的时期结束后，杯子的表象就留存在他的大脑之中。在这个时期的末期，如果注意到与杯子相关的水壶，孩子的兴趣便有可能转移。在对水壶的兴趣末期，壶的表象也会留存在孩子大脑之中，同时留存下来的，还有杯子与壶的关系。

某一天，当这个孩子听到“倒水”这个词的时候，如果杯子和壶不在眼前，孩子可能会在大脑中完成用壶向杯中倒水的过程。虽然是思维，却也算作一种没有被升华的行为模拟，所以叫前运算时期。孩子的前运算时期从两岁一直延续到七岁。

瑞士儿童心理学家皮亚杰做过一项试验：一个父亲带着自己六岁的儿子来到湖边，儿子往湖里扔了一颗石子。

父亲：石子到哪里去了？

儿子：它在湖底下。（孩子又往湖里扔了一颗纽扣）

父亲：那颗纽扣不见了，它现在在哪里？

儿子：它在那块石头上。（接着孩子又扔了一块木片，木片浮在水面上）

父亲：木片为什么没有沉下去？

儿子：因为下面有石头。

…………

从这段对话中我们看到，孩子在不懂得漂浮的概念的时候，是用自己看到的现象进行思考的。这就是前运算时期的特征。我们不能把这种思考方式看作是错误的。虽然孩子回答的结果与自然真理不相符，但孩子的思维形式符合自己成长的真理。在这种情况下，我们是让孩子获得发展还是只是让孩子将问题回答正确？这是两条完全不同的道路。

第三节　单纯使用大脑思考的初期——具体运算阶段

发展心理学家管这一时期叫“具体运算阶段”，这个阶段从平均七岁持续到十一岁。

这个阶段的孩子解决问题的能力比较成熟，尤其在他们处理一些复杂和棘手的问题时，更显出了他们的推理能力。他们理解如何从自己的目标去反思。在这个年龄阶段，孩子们感到比较难理解的概念是不同的事物在不同的条件下有多少种可能性；如何从不同的角度看待相同的事物。

以上这些能力都不是六岁以前的孩子所能拥有的，也不是用“教”的方式能够使孩子达到的，必须要孩子自然发展到那一步才行。而且，孩子的成熟程度决定了孩子的发展内容。

第四节　成熟的大脑工作能力——形式运算时期

孩子从十一岁开始到成年，他们具有了抽象的思维能力，他们能够把自己的思想运用到当前，也能运用到未来，他们既能假设，也能推理。发展心理学管这一时期叫形式运算时期。

我们不能希望孩子在六岁之前，或前几个阶段中拥有形式运算的这些能力，如果我们试图用灌输的方式使他们拥有，这种拥有也只能是一种假象。

第五节　教育无法使孩子跨越成长的自然阶段

人的成长像万物一样，阶段性既是自然法则也是成长真理。在这个世界上，如果人类试图通过药物和行为训练来改变动物、植物以及人类自身的成长法则，其结果只能是被改变后的对象特质下降。如果我们试图用教育和突击训练的方式，使人类跨越自然的成长阶段，在暂时的欣喜过后，你会发现，损伤十分惊人，而且很难挽回。

从下面的例子，我们可以看出不同年龄的孩子与他们的认知和思维之间的差别。这是一群四到六岁的孩子关于“婚姻和情人”的谈话——

在孩子之家里，冬冬（四岁）有段时间特别喜欢唱《你是我的情人》这首歌。有一天大班孩子正准备午休，冬冬唱了一句：“你是我的情人，像玫瑰花一样的女人。”这时正好老师进去了。

“王丽，你是我的情人。”冬冬满脸甜蜜地看着老师。

亮亮（四岁）、肖肖（四岁）、小毅（五岁）和志明（六岁）听了，也都跟着这样说。

老师说：“谢谢你们，我很荣幸。”

这时志明说：“不能这么多人有一个情人，情人是一对一的，王丽是我的情人。”他是大班中最博学的，所以说起话来总是一本正经、有板有眼。

冬冬严肃地板起脸孔，眉头拧成了两段麻花：“不行，你都跟琦琦结婚了。”（指和琦琦玩“过家家”游戏。）

面对冬冬的驳斥，志明不温不火地阐述着他的理由：“我跟琦琦呀，我们是拜过天地的，属于夫妻。可是情人就不同了，情人是什么样的人都行，只要是一个男的和一个女的，没有拜过天地的就可以。我和王丽没有拜过天地，所以我们可以做情人。”

冬冬的同盟军小毅参战了：“你已经有老婆了，你还想要情人呀，你太霸道了吧！”

“我先说的，应该是我的情人。”冬冬听志明说得头头是道，不知如何回应，却又怕“情人”被别人抢走，于是情急之下用上了孩子之家的原则——谁先拿到的东西谁先使用。这一招还真灵，一下子把志明镇住了。

小毅：“冬冬，是我们两个人的吧？”（他们是好朋友，好的东西都一起分享，这一回“情人”好像也不例外。）

冬冬很爽快地回答：“就是的。”

肖肖也想来凑热闹：“也是我的吧！”

冬冬：“才不是你的呢。”

志明：“你们连情人节都不知道是什么时候，都没有送给别人礼物，你们就没有权利当别人的情人。”（不愧是博学之人，论据都延伸了。）

小毅：“我会送呀，我会送一朵玫瑰花呀！”

冬冬：“会送巧克力还有很多奥特曼。”

志明：“人呀，是一个人对一个人，这一天呀，是一对情人过，可是你们两个男的和一个女的，就没办法过情人节，这不叫情人。”（天呀，逻辑学家呀。）

小毅有些为难：“怎么办呢，冬冬？”

老师在一旁笑着等待，想看看他俩会怎样处理。

肖肖：“还有我呢！”

小毅不耐烦了：“肖肖，你给我待一边去啊！”

肖肖开始讨价还价：“那就一个上午，一个下午。”

小毅：“那我就让给冬冬吧，因为我还有一个好朋友，我可以和盈盈过情人节呀！”（退一步海阔天空）

冬冬兴奋得快要跳起来了：“噢耶！王丽，我们去过情人节吧！”

老师说："到情人节的时候再说吧，还早呢，情人节在二月十四号。"

孩子们："噢！二月十四号是情人节呀？"

志明："对，二月十四号是情人节，到时候我还要打电话约琦琦呢！"

亮亮："情人节是给情人过的，不是给夫妻过的。"（乖乖！）

志明："夫妻也是情人，夫妻呀比情人还要好，情人拜过天地就可以成为夫妻了。"（逻辑学家的逻辑开始有些混乱了——呵呵！）

正在这时，小张老师进来了，问怎么还没有睡，志明说我们在谈论"情人"呢！……

在这个案例中，冬冬、亮亮和肖肖都是刚过四岁生日的孩子，所以无法将"人的归属"与"物的归属"正确地区分，也不明白"夫妻"与"情人"的概念。而经历了婚姻敏感期的六岁的志明，已经建构起这方面的初步概念。小毅五岁，认知水平比肖肖和亮亮高一点，比志明又低一点。虽然他们共同经历了志明和琦琦的"结婚"事件，但认知水平仍与各自的年龄相当。

由此看来，孩子的认知水平真的与他们的年龄相匹配。我们无法通过讲授、问答、抄写的方式，使肖肖真正懂得对待"情人"不能采用"你一上午，我一下午"这样的物品分配原则。如果我们用强行灌输的方式告诉他不能这样，讲解为什么不能这样，并让他温习我们所讲，直到记住为止，那么肖肖便只会从语言的表面知道怎样回答，却无法真正体会。

如果想让这几位孩子理解并解决这一问题，必须要等到他们的心理和思维达到一个相应的水平。如果成人这时候非要让肖肖学会正确理解和处理这一问题，就只能用传统意义上“教”的方式“教会”，肖肖也只能用“背”的方式“学会”。如果成人时时处处采用这种方式去“教”肖肖，肖肖就会逐渐丧失作为人的研究世界、探索世界的欲望和能力。

如果肖肖能将这些道理和方法在他不应该学会的年龄段里“学会”并牢记在心，将来遇到问题时，他就会在记忆中按图索骥、生搬硬套，硬套的结果有可能因为情况不同而遭遇失败，遭遇失败会使他丧失信心，丧失信心可能会打消他重新探索的勇气——从而导致自卑。

所以，教育者必须以帮助孩子发展为自己的天职，弄清楚孩子在每个发展阶段不同的特征，才不会因为不懂得而在无意中阻碍孩子的发展。

【第九章】

如何为孩子选择幼儿园

0—6岁是孩子的一个非常重要的时期，决定了他（她）将来会成为一个什么样的人，所以幼儿园的选择是一件需要慎重考虑的事情。

为了使孩子获得更好的发展，使他们度过一个真正快乐的童年，成人在选择幼儿园时应该综合考虑到多个因素。

第一节 根据孩子的个体特征选择

首先应该根据孩子的情况来选择，幼儿园是孩子将来生活的地方，选择不好，给孩子造成的伤害就很难弥补。孩子非常弱小，缺乏经验和阅历，无法选择恰当的语言来表达自己在幼儿园的经历和感受，更无法思考自己的目前生活状态是否对自己有利。所以家长就更要从多方面考虑如何为孩子选园。

第二节 根据孩子的性格选择

根据自己的观察，分析一下自己的孩子：是属于乐观活泼型的，还是属于细腻冷静型的。乐观型的孩子对事物充满了良好的理解力，很容易从中找到快乐的源泉，一般的环境就足以使他其乐无穷。

如果孩子性格敏感，非常容易受到伤害，个人意志又非常强大，性格独特，就要考虑选择一个注重孩子个体发展，并对孩子的心理和人格有特殊关注的幼儿园。

第三节 根据孩子具备的能力选择

人的天赋不同，所呈现出来的能力也会不同。有的孩子感受能力特别强，对事物有着精细独特的感觉，并能很好地表达出来，让身边的人们感同身受，有的孩子却不是这样。所以，家长有必要考虑选择一所能够对孩子的感受进行良好回应，并能从孩子的感觉出发，将他引领到其他项目中的幼儿园。有的孩子智力较高，有的孩子的运动能力很好，有的孩子某一方面天生超常，家长要按照孩子的情况选择适合孩子发展需要的幼儿园。

强调一点，家长在选园时，必须要考察幼儿园是采取什么样的手段和方式帮助孩子的，这种手段和方式能否达到帮助孩子的目的。

第四节 根据家庭情况选择

以上我们是从孩子的角度来看选择幼儿园的问题，如果单纯为孩子的将来考虑，成人的确应该不遗余力地为孩子选择一个最适合其发展的幼儿园。但如果家庭情况实在不允许，却硬要上最好的幼儿园，结果造成了严重的家庭危机，也会给孩子的成长带来不利影响。所以在选择幼儿园时还要考虑到家庭情况。

第一是经济，在家庭经济条件允许的情况下，如果确实有适合孩子的幼儿园，拿出家庭收入的三分之一也是值得的。

有的家庭经济状况并不太好，却非要让孩子上价格昂贵的幼儿园。虽然家长当初做决定的时候认为自己能够承受，但长久下去，会逐渐地造成内心的不平衡，产生急于要求孩子回报的心理，并开始对学校不满。这种情绪给孩子和家庭带来的问题会抵消孩子在学校所接受到的良好教育。所以，在家庭经济不允许的情况下，不必非得选择价格昂贵的幼儿园。

第二是距离，很多情况下，家长好不容易找到了一个非常适合自己孩子的幼儿园，却发现它离家很远。有条件的家庭会选择将自己的房子出租或出售，另外在离幼儿园较近的地区租房。家长的这种付出实在令人感动。如果家庭的所有成员都能克服搬家带来的种种不便，并为孩子的幸福成长感到欣慰，就是非常值得的。如果幼儿园很远，又无法解决居住问题，长时间坐车的无聊也会给孩子造成一些问题，反而得不偿失。所以，最好是就近选择一个比较理想的幼儿园。如果觉得老师的教学理念比较落后，可以试着与老师沟通，共同成长。

第三是家庭成员意向。在选择幼儿园时，家长可根据自己对教育的认识，选择与自己的教育理念相吻合的幼儿园，这样才能使孩子身边的成人用统一的观点、统一的方法对待孩子，也不至于给孩子造成迷茫和混乱。

第五节 充分了解办园者的教育理念

下面这段话是某幼儿园对自己的介绍：

“近年来，幼儿园以省科研课题研究为突破口，探索建立具有可持续性发展的园本课程。不断深化教学改革、狠抓教研活动，以教研促质量，以教改求发展。注重幼儿个性培养，以英语、艺术、电脑、足球为特色。建立幼儿园网站，利用现代科学技术为教学、管理服务，利用网络加强幼儿园与家长、社区的联系与沟通。先后制定了《幼儿园三年规划》和《教师成长工程》，努力造就一支高素质教师队伍。同时，幼儿园还拥有一批热爱幼儿教育的男教师，他们已成为幼儿园一道亮丽的风景线。”

我们从这段话中看到更多的是空洞的词语堆积，没有明确的内容。如：“省科研课题”研究的是什么？“可持续性发展”的内容是什么？“改革”要改哪些？也许这所幼儿园有很好的科研氛围，有实质性的运作内容，但单纯从这段话来看，它并没有固定、统一的教育理念。教育理念是稳定教师对待孩子的方式和提升教育技能的基础，没有这一基础，具体策略的实施就无法获得不断地完善和成熟，容易流于形式，忽略孩子真正的成长需求。

下面是另一所幼儿园的介绍，我们可以做个对比：

“我们希望以‘幼吾幼以及人之幼’的博爱精神延伸至尽情、尽性、尽心地去爱，包括爱自己及爱所爱的人。我们相信：‘爱是教育的根源，环境是教育的本质。’将为宝宝创造一个绿色、宽松、宽容的空间，以开放式的教育理念培育快乐、负责和富有创造性的宝宝，促进宝宝身心健康、开发潜能和健全人格。”

相比之下，这所幼儿园教育理念中口号较少，明确地提出了一个观念——爱，由爱而使孩子“尽情、尽性、尽意、尽心”地去学习和生活。而一个爱孩子的人必然要尽力找到一个适合孩子的教育方法，适合孩子的方法就是成熟的方法。看了上面的话，我们至少会知道幼儿园会爱孩子，而且告诉了我们如何去爱，在爱的包容下，孩子不会受到伤害。

第六节　教师的整体教育素质是选择幼儿园的重要因素

有着良好团队精神的教师队伍，会散发出一种强大的进取力量。他们带着科学的精神和深厚的关怀与孩子们平等地生活在一起，成为孩子生活中重要的人物。

这样的教师具有深厚的素养，他们将孩子视为一个完整的人，将自己逐渐提升为一个能够感知孩子全方位人格状态的观察者，能够在孩子生活和学习中敏锐地捕捉到帮助孩子的时机，不动声色地、间接地帮助孩子。只有这样的人才能在童年的时候对孩子进行帮助。

如果幼儿园里对纪律要求过高，对各项事物都有精密的安排，教师如部队的士兵一般，工作非常严谨，这样的环境就让人感到压抑，容易积累不良情绪，如果不良情绪积累到一定程度，教师就会失去理性，在私下将怒火发泄给孩子。

如果幼儿园的孩子都能够非常放松，和老师处于平等互爱的状态，那么这所幼儿园就是可以信赖的。在这种前提下，教师能够合理地利用环境对孩子进行智性的、心理的、文化品位以及人格审美的建构。

下面的内容转自某一教育论坛，记录了一位幼儿园老师解决孩子之间冲突的过程：

每天中午起床时，老师都会让音乐将每一位熟睡的孩子从梦中唤醒。今天也是在音乐的陪伴下，每个孩子都在陆陆续续地起床穿衣。

元元说："路老师，杉杉把我的衣服坐在她的屁股下面，我不能穿衣服了。"

老师说："那就请你告诉杉杉：'杉杉，你坐在我的衣服上了，请你让开一下好吗？'"

元元回头，对杉杉说："请你让一下，我要穿衣服了。"

杉杉没有回应，也没有动。元元又说："杉杉请你让一下，我要穿衣服了。"杉杉仍然没有理会。元元有些急了，大声地说："杉杉，请你让一下，我要穿衣服了！"

杉杉听了，不但不让开，还故意将屁股往后挪了挪，将衣服压得更紧了。元元正要向老师求援，嘉嘉出现了，迅速地闪到了元元一边。

"嘉嘉，你想帮助元元拿衣服吗？"老师说。

"是的。"

“谢谢你宝贝，不过……我认为这件事还是由她俩自己解决比较好。”听到老师这样说，嘉嘉便以闪电般的速度离开了。(这是他惯常的动作)

元元气哼哼地说：“老师，我已经说了，可是杉杉没有离开。”

老师坐到杉杉的身边，对她说：“杉杉刚才是不小心坐在了元元衣服上的吧?”杉杉仍然没有回应。

这时，老师发现杉杉的衣服放在她的旁边，便向元元示意了一下，元元就过去坐在了杉杉的衣服上面。杉杉见了，赶紧用手拽去她的衣服。

老师握住杉杉的手说：“杉杉，可以告诉元元，请她让一下，你要拿衣服呢。”

杉杉只是噘起小嘴，没有任何说话的举动。她的两只手紧紧抓着自己的衣服。

老师说：“杉杉，你可以说：‘元元请你让一下，我想拿衣服。’只要你这样说了，元元肯定会让开的。”

杉杉神色伤感，泪水慢慢地流出眼眶。但她仍然不动，时间一点一点地流逝着。

老师说：“杉杉，老师喜欢你，很爱你，可这件事，你必须要向元元请求。”

杉杉哭得更伤心了。等她平静一些时，老师说：“杉杉，请你让元元让开一下，这样你就可以拿到衣服了。”

在说了这句话时，老师仍然准备跟杉杉再做更长时间的相持呢，没想到这时传来一个很小的、几乎听不见的声音：“元元，请让一下……”元元让开了。

老师抱住杉杉，说："哇！杉杉，你太厉害了，已经能用语言解决问题了！太了不起了！"

杉杉挣脱老师的怀抱，用一种自信、成功的眼神看了老师一下，很轻松地捋了一把头发，然后将衣服放在了自己的腿上。

老师对元元说："元元，你现在可以告诉杉杉了。"

元元听后，马上说："杉杉，请你让一下，我要拿衣服。"

杉杉挪了挪身子，元元拿到了衣服。

老师一边搂着元元，一边搂着杉杉，说："你俩真是太厉害了，都能用语言解决问题了。"

元元看着杉杉，杉杉看着元元。突然，元元抬起头，在老师的脸上亲了一下，还向老师做了个鬼脸；杉杉看着这一切，眼睛眯缝着，笑得很甜。

杉杉以前一直是顺从的，从不敢表达自己的观点。现在她进入了修复期，几乎在每件事上都在试着发现自己可以与对方抗衡的力量和可能。

她的床和方菲的床连在一起，每当午睡时，她就会把脚放到方菲的床上，方菲大声地抗议，老师就会引导："方菲，你可以说：'杉杉，你把脚放到我的床上我不舒服，请放到你的床上好吗？'"杉杉不听，方菲干脆自己动手，抓起杉杉的脚放到对面床上。刚放好，身子还没抽回来，那双脚又过来了。方菲大叫："老师，杉杉又把脚放过来了！"

每到这时，老师都会走过去，握住杉杉的脚说："杉杉，请你把脚放回自己的床上。"如果这时是"抓"过去的，是一个结果（失败感），如果是杉杉"自己"放回去的，则是另一个结果。老师每次这样做时都会恪守一个原则，就是让杉杉“自己”放回去！这种“自己放回去”的感觉能从杉杉脸上看出来，那是一种舒服的、满足的、自信的感觉。

对杉杉的帮助还在继续。老师们的任务是帮她度过这个时期，让她更多地发现自己，建立自信，学会解决问题的正确方式，从而得到很好的成长……在解决冲突的过程中，老师没有选择强迫的手段，而是努力让孩子靠自己的力量解决问题。

我们可以发现老师在处理问题的过程中是怎样帮助孩子成长的，怎样使孩子明白了如何用语言解决问题，并从中体验到了问题解决的快乐。

第七节　实地考察幼儿园的硬件设施

幼儿园的硬件可分为四部分：

第一，充满人情味和文化味的氛围

孩子是吸收环境氛围来形成自己的性格的。幼儿园是孩子长期生活的地方，孩子会自然地吸收环境中的讯息，所以幼儿园的氛围是第一关键的因素。

可以设想这样一所大房子：宽阔豪华，有雪白的墙壁，木质的旋转楼梯，装修高雅。如果我们在墙壁上挂满了刑具，垂下用来捆绑的绳索，地上摆放着用来烧红烙铁的大炉子，还有几个大型的木架，上面挂着沉重的铁链子。这些刑具的组合给房间造成的氛围是阴森恐怖的，如果孩子生活在这样的环境中，即使给他爱，他也不会成为一个优雅美好的人。

同一个房间，我们在墙上张贴美丽的画，挂上柔和的粉色窗帘。阳光从窗外温柔地洒进来，正好照在地板中央的蓝色花纹地毯上，暖暖的。窗户下放置一架钢琴，上面摆放着一大盆马蹄莲。左右两侧的墙下各靠着一排有着原木的自然花纹的小书架，书架上放着几十本小书，图画精致、文字优美。还有各式小木块、好看的器皿、手工制作的娃娃。女主人穿着棉布长裙，带着孩子做着他们感兴趣的事。孩子生活在这样美好的环境中，又有周围人无尽的爱，就不会成长为一个粗鲁野蛮的人。

第二，充满大自然气息的院落

幼儿园的院子里应该设有可供孩子选择的各类户外工作区，如木工区、种植区、游戏区等，多样的活动可让孩子的探索变得更加丰富多彩。孩子选择其中的任何一个工作区工作后，其能力都会朝着人类生存的方向发展。这个院落应使孩子充分享受到大自然的气息，可以自由决定在户外进行什么样的活动。

第三，大型活动器械

幼儿园为孩子的肢体活动所设置的大型器械，应该尽量地保持自然本色，使孩子在活动中不但获得肢体活动的需要，也可享受与大自然亲近的快乐。

第四，幼儿园的生活材料

生活材料包括厨房用具、睡眠用具、洗漱用具，这些用品都从环保的考虑出发，选择朴实舒适的材料，使孩子在使用时有家的感觉。

第五，组织管理

良好的幼儿园组织管理应该是简化的，直截了当的。老师和孩子是幼儿园的中心，幼儿园的所有课程安排都以老师的反馈信息为基准，老师也是管理者之一。此外，由于家长在孩子成长方面承担着比幼儿园更重要的职责，幼儿园应该是学校、家长一体化的管理，家长直接参与幼儿园的教育和活动计划。幼儿园负责组织家长共同提升。

家长在考察幼儿园时，以下的几个方面也是要特别注意的：

第六，营养卫生

幼儿园应该提供给家长和孩子每周的饮食安排表，使家长对孩子每餐所吃的食物有所了解。全体工作人员必须没有传染病和相关疾病，并且每年或每半年做一次体检，通过检查看看身体是否健康。每天对孩子的用品，比如：毛巾和茶杯等都应该消毒一至两次。厨房也应该保持卫生清洁，孩子的餐具每次用过后都必须消毒一次。玩具也要每周消毒一次。

每个孩子都要有自己专用的、放在固定位置的茶杯和毛巾。为孩子们提供足够量的温开水，同时保证每个孩子口渴的时候，都能随时喝到水。

第七，安全

有的幼儿园不能合理地建章立制，没有严格的门卫制度、饮食卫生制度、交接班制度和安全制度等，致使管理出现漏洞，造成严重后果。有的幼儿园设备陈旧、老化，很多大型玩具已经年久失修，容易造成伤害隐患。

家长在与园方联络后，可以去幼儿园走一圈，看看园舍建筑是否稳固，楼梯和设备是不是专为幼儿设计，楼梯、桌角、柱子和游戏设施是否装有防护的装备，以保护幼儿的安全。为了符合孩子喜爱活动的特性，幼儿园的空间要宽阔，能让孩子尽情地跑跳玩耍。此外，消防设备、饮水以及用电安全等，也都是家长需要注意的。家长在参观幼儿园时，还要记住去厕所和厨房走一走，看看是否符合卫生的要求，和活动室的距离是否恰当。

第八，教学活动

在教材选择上，国家教育机构没有具体的规定，各个幼儿园都有较大的自主空间。如果幼儿园里采用的仍旧是以小学化或成人化的方式来教育孩子，容易让孩子对学习产生厌恶感。

教学活动是以孩子为中心的，老师定主题，然后通过游戏、讨论或小组活动，来激发孩子们的创意，诱发他们学习兴趣的教学方式。家长可以留意幼儿园的环境，教室里是否挂满了孩子们的杰作，是否设有家庭角、美劳角以及其他激发幼儿创意的因素。

第九，师生比例

每班师生的比例最好在 1：20 以下，否则教师难以兼顾到每个孩子的个性需要。每个班级幼儿的人数多少，在很大程度上决定了这个集体各方面的质量好坏。根据国家规定，全日制幼儿园每个班级应该配备 2 名教师和 1 名保育员，寄宿制的幼儿园每个班级应该配备 2 名教师和 2 名保育员。

第十，园校口碑

在选择幼儿园时，需要同已经在这所幼儿园就读孩子的家长进行交谈，比如：可以听取他们对这所幼儿园的评价，这样会对心目中的幼儿园有进一步的了解。家长可以利用幼儿园下午接送孩子的时间，和幼儿园游乐场里正带孩子玩耍的、与你年龄相仿的家长攀谈，尽可能多的获取信息。

【第十章】

如何帮助孩子迈出独立的第一步——适应幼儿园

孩子没有经验，他们无法预知离开家到一个新环境会是什么样的情景，所以他们不会提前有什么心理上的不适。也不会因此产生不良的情绪。但家长不同，经验告诉家长：家中已有的生活状态是安全可靠的，突然要将孩子交给陌生人，生活在一个不了解的环境中，孩子肯定会受不了。这些顾虑给家长造成不安全感，感到焦虑，而这些情绪又会直接传导给其他家庭成员以及孩子。所以，孩子入园前的心理准备主要是家长的心理准备。

第一节　入园前的心理准备

父母的心理准备

冉冉由奶奶照顾了两年半的时间，冉冉的妈妈发现，奶奶的过度护理可能会对冉冉的成长带来不利影响，于是决定将孩子送到离家不远的一所幼儿园开办的蒙氏班。做决定之前，她详细地考察过，觉得蒙氏班的硬件不错，老师也温和可亲，她感到非常满意，于是说服家人，决定把孩子送到这所幼儿园。

但一想到孩子要上幼儿园，冉冉妈妈心里还是会一阵阵莫名其妙地发慌，大脑中不断地出现小冉冉在别人怀中向妈妈伸着小手挣扎着痛哭的情景。每次想到这里，冉冉妈妈的眼泪就会不禁流出来。

为了不影响孩子对幼儿园的好感，她一次次地对冉冉说："幼儿园可好了，老师可好了！"

实际上，她不知不觉中已经将自己的焦虑传递给了孩子，使"幼儿园"这三个字成为冉冉心中神秘莫测的词语，由于没有实际的体验作为内涵填充，冉冉就会感到不安全。

所以，在孩子入园前期，夫妻双方最好能够互相倾听。如果有些疑惑不能在家庭范围内解决，就立刻去咨询或考察，努力调整心态，将所有的困惑都解决，使自己可以放松地对待孩子入园这件事。家长不再焦虑，就不会一遍遍地在孩子面前讲述幼儿园，也不会给孩子造成紧张的家庭氛围。

祖辈的心理准备

与孩子朝夕相处了两三年的老人，在孩子的入园期，也会产生一些心理上的不适。他们觉得自己不再被人需要了，一种被遗弃感深入他们的潜意识之中，就会更加悉心照顾即将离开的孩子，使孩子对他们更加依恋，从而给处于"入园分离期"的孩子带来更大的痛苦。

所以一定要提前给家里老人做好工作，解释清楚孩子入园不是因为爷爷奶奶照顾不好，而是出于他自身发展的需要，提前给老人安排好孩子离开后的生活方式，使老人能够顺利展开新的生活。

孩子的心理准备

1. 通过语言描述解决孩子的内心焦虑

宝宝三岁了，已经可以理解很多成人的语言。因此，成人可以先用描述的方式平静随意地跟宝宝谈论幼儿园，告诉宝宝：宝宝就要上幼儿园了，幼儿园老师是什么样的，长得什么样，穿得什么样；妈妈去看的时候，老师正在和小朋友做什么事；老师是怎么说的，小朋友是怎么做的；他们是怎样吃饭的，怎样睡觉的；有一个小朋友想上卫生间了，他是怎样做的……

家长讲这些事的时候，就像讲一个童话故事，最好讲得非常有幽默感，逗孩子发笑，这样孩子就会要求家长一遍遍地讲。讲过几遍后，家长就可以拿出幼儿园的图片或宣传册，指着上面的图画给孩子讲幼儿园的故事，指出每一个老师的名字、园长的名字，还可以找一些关于宝宝上幼儿园的故事书讲给孩子听。这样，孩了就会通过语言对幼儿园的生活有一个基本了解，并将自己的生活经验组织到妈妈讲的故事中去，心中对幼儿园有了基本的印象，并对“幼儿园”这个词有了一定认识，孩子对老师和小朋友就不再完全陌生。

2. 带孩子初步体验

这个时候，家长和孩子已经分享了许多关于幼儿园的故事，也激发了孩子对幼儿园的兴趣，接下来，妈妈就可以和孩子一起用过家家的形式来体验。

妈妈可以扮演老师，让孩子扮演小朋友，从早上入园开始，一直演到放学回家，将幼儿园可能遇到的事都编到过家家的游戏中。玩过几遍，在孩子对幼儿园的过家家程序熟识以后，再让孩子扮演老师，妈妈扮演小朋友。在玩要中，孩子已经切身体验了幼儿园的生活，并以幼儿园的小朋友或老师自居了。这时，孩子已经对幼儿园有了向往，之后就可以带孩子去实地参观。尽量选择不同的时间段参观幼儿园的生活，使孩子将和妈妈玩游戏的经验与真实的幼儿园生活联系起来，进一步深化对幼儿园的认识，排除陌生感。

切记不要只用滑梯、蹦床等活动器械吸引孩子，使孩子误以为幼儿园是一个游乐园一样的场所。不然，孩子在入园后发现幼儿园并不是当初体验的那样玩过了就可以回家，就会产生失望情绪。

第二节　准备不足会造成的问题

人类总是在同化环境和改造环境，在特定环境中生活的时间长了，这个环境就成为他的一部分，一个人在自己熟悉的生活环境中，闭着眼睛都能准确地到达任何一个区域，取来任何一件物品。人在这样的情况下，整合出一套所在环境下的生活方式，方式与环境合而为一，我们把这种状态叫“同化”。

孩子用三年的时间同化了自己和父母所生活的家，还有家里其他照顾自己的人，如果在没有任何准备的情况下，突然被扔到一个完全陌生的环境，会感到非常恐惧。所以家长在孩子入园前一定要做好充分的准备工作，如果准备不足，就会出现诸多问题。

因分离引发安全感丧失

孩子的弱小决定了他们需要一个安全、稳定的环境，而不熟悉的环境中充满了各种未知的、不稳定的因素，因此孩子不信任任何陌生人和陌生环境，这是生存本能决定的。它使得孩子能够自我保护，在成人照顾不到时也能保障自己的生命安全。幼儿园的环境对孩子来说是完全陌生的，同样会给他们带来恐惧。

作为家长，只能对将要来临的痛苦做好承受准备，预先知道孩子和家人分离后到了一个陌生环境都会感到非常痛苦。这样，在孩子出现痛苦时，家长就不会觉得承受不了，从而失去安抚孩子的能力。

由“同化”到“顺应”引发心理失衡

孩子上幼儿园后不哭了，并不等于就已经适应了幼儿园。真正的适应要经历一个“顺应”的过程，从“同化”家庭到“同化”幼儿园。进入幼儿园后，一切都有了改变，老师不会像爸爸妈妈那样对自己的每一个眼神和每一个要求都回应得非常到位，照顾得体贴入微，小朋友们经常会与自己发生冲突，这些都会使孩子感到不舒服，但孩子又没有力量让老师和小朋友像家人那样对待自己。这种情况下，孩子必须经历一个痛苦的过程，通过改变自己，让自己适应新的环境。当成长起完全适应其他小朋友和老师的生存方式后，孩子才算“同化”了幼儿园。

这个同化的过程必须经历一个改变自己顺应幼儿园的过程，在这个过程中，孩子发生了质的变化，我们将这种变化过程叫“顺应”。顺应的过程是一个痛苦的过程，经历这个过程之后，孩子就成长了。顺应期的处理不当会加重孩子的焦虑。

淘淘的入园准备做得非常好，他刚上幼儿园的时候基本没怎么哭，表现非常好，每天跟着老师快乐地参加各种活动，可是一回到家里，就变得不可理喻，专门找到各种理由哭闹，看上去像故意折磨家人。他的家人甚至不相信他在幼儿园的良好状态，不理解为什么他在幼儿园表现那么好，在家却要这样地胡闹。

淘淘这种情况就是典型的“顺应期现象”，淘淘白天的良好状态并不是从心理上适应了幼儿园，聪明的他明白这里不是家，于是有意识地控制自己的情绪，努力使自己表现为一个优秀的孩子。一天下来，淘淘透支了自己的心力，到了晚上，会感到疲惫不堪，心烦意乱。对家人的安全感以及家庭环境的舒适，使他可以放松地去发泄自己的情绪。如果这时家人能理解这一切，给予耐心的倾听，孩子就会发现，家庭仍然是自己的坚实后盾，从而能够补充白天透支的力量。第二天，孩子能够精力充沛地去应对还没被同化的陌生环境。这对孩子非常有利，就像一个肚子吃饱了要去打仗的士兵，无论心理上还是肢体上都充满了信心。

如果此时家长不了解孩子，不能耐心地倾听孩子，在孩子发脾气时也忍不住向孩子发脾气，这样孩子就像一个饥饿了很久的人，不但得不到食物，精神上也更加饥饿，承受双倍的痛苦。第二天，孩子会带着痛苦和不安再去面对还没有适应的环境。

第三节 入园期观察及陪园需要注意的问题

孩子的入园期是孩子生命中的大事，是一个重要的转折点，在这个时期，只有对孩子做细致的观察，才能更好地帮助孩子尽快适应入园的生活。

陪园是否成功，取决于陪园人员的行为是否得当、心理是否健康，大体上要注意以下几点：

平静耐心

陪园是一件艰苦的工作。老师们都在工作，家长想帮帮忙，可是由于不懂得幼儿园规则，经常会给老师的工作带来干扰。有时候，当家长参与不当被老师指出错误时，也会感到心里不舒服，觉得自己碍手碍脚。如果老师在工作中无暇顾及陪园人员，后者就会有被冷落的感觉。所以陪园时一定要做好思想准备，让自己带着良好平静的心态陪伴孩子，使之对新的环境有一种基本的熟识感，这时陪园期就可以结束了。

不干涉孩子

陪园人员在陪园时期尽量不要干涉孩子，不要要求孩子主动向老师问好，不要反复地劝孩子去参与小朋友的游戏，这样都会造成孩子的紧张感，使孩子产生拒绝心理。如果不干涉孩子，孩子会慢慢地放松紧张的情绪，虽然身体还靠在家人的怀里，但心已经被老师和其他孩子们有趣的活动吸引了。这时，他们会将眼前看到的景象组织成自己的经验，慢慢吸纳，不再感到陌生。

配合老师的工作

陪园的家长最好带着良好的心理去理解幼儿园老师的工作，当老师要求孩子去参与活动，而孩子又不愿意离开你身边的时候，你可以先陪着他走到群体中去，等他安定下来，然后告诉他：我不会离开你，就在那边的小凳子上等你。让他发现自己离开了家人也没有什么危险。这是建立安全感的第一步。

如果老师不要求孩子参与活动，那么就随孩子的意，孩子愿意离开就离开，不愿离开就让他待在家人的怀里。需要注意的是，不要让孩子一直坐在你的身上，要让孩子面朝活动区，敞开你的双臂，使他可以随时走动，选择离开与否。如果你紧紧地抱着他，让孩子贴着你的身体坐在怀里，他就看不到其他孩子的活动场面，只能体验到你的身体给他的愉悦感，并只追求这种舒适。这种陪园方式会增加孩子对新环境的接纳的困难，也就失去了陪园的意义。

用心灵去感受

我们只有用一颗真诚的心去感受孩子，才能真正感觉到孩子的心灵。这种真实的感受会带领我们寻找到帮助孩子的途径。

牛牛的姥姥和奶奶一起送牛牛到幼儿园，老师无论如何也无法说服两位老人离开。陪园期间，两位老人不断地在一边交头接耳。牛牛入学的第二天就可以自己在幼儿园走动了，第三天放学后，老师说明天可以不用陪园了，要求她们第四天送孩子到幼儿园后与孩子果断地道别，然后离开。但这三天来两个老人挑了幼儿园许多毛病，不放心离开后老师对牛牛的照顾，坚持要求再陪一天。

第四天，两位老人每隔十来分钟就冲上去，给正在观察别人工作的牛牛喂水、擦鼻涕、脱衣服、穿衣服，大概是想示范给老师看，她们是怎样照顾牛牛的。她们的行为一次次地把牛牛从观察别人工作的状态中拉出，使他又扑进她们的怀里。这时，老人极为伤感，更表现出生离死别的状态，这一切立刻让牛牛敏感地觉察出了事态的变化。到了下午，孩子便紧紧地拉着其中一位老人的衣襟，一遍遍地说："婆婆不走。"这时，两位老人竟然蹲下来对着孩子抑制不住地抹眼泪，孩子的情绪立刻变得很坏，再也不去看小朋友工作了，只焦虑地拉着姥姥的衣服，害怕她们突然离开。

第五天早晨，两位老人好不容易离开牛牛走到教室外，却藏在牛牛教室窗外的小树丛后面，一会儿伸出头来看一下，还不停地抹着眼泪。这些终于被走到窗边的牛牛看到了，好不容易停止哭泣的牛牛又开始大哭。老师没有办法，只好让老人把牛牛暂时带回家。之后，虽然姥姥和奶奶在老师劝说下不再躲在树丛后了，但牛牛每天仍然在窗边对着树丛声嘶力竭地哭，试图唤回姥姥。

这两位老人显然只注意自己的想法，而没有观察孩子，如果她们观察到孩子已经进入了接纳环境的状态，就应该悄悄地坐在墙角，在孩子回望的时候，报以轻松的微笑。她们的行为正好阻碍了孩子发展自己和适应新环境。

幼儿园和家庭是两个完全不同的环境，幼儿园没有熟悉的人，其结构、物品的摆放方式、整体氛围都没有家的因素，所以，在孩子入园早期，最好让家庭中某一成员陪伴孩子，这样家庭成员在新的环境里成为孩子与熟识的家庭环境的联结。他才能够在两者的比较中产生新的认识，进而接纳新事物。虽然看上去孩子只愿意和自己的家长在一起，不接纳老师和其他小朋友，可是心理上，他正在逐渐地建构对环境和老师的安全感，像坐在安全岛上静观眼前海面上航行的船只，当对海和船都不再感到陌生的时候，离开小岛才不会让他恐惧。

理解孩子的每一个行为

孩子在入园期的行为会变得比较反常，我们理解了这些反常的行为就不会使自己心情不安。

慧慧在入园期是一个非常爱哭的孩子，哭的时候非常用力，长时间停不下来。有时候，哭得累了，还会去拿起餐巾纸擦一下眼泪，自己拿起杯子喝一口水，然后走到老师身边拉起老师的手，指着门口，要老师带她出去。出去后，她又会指着别的方向要求老师带她去。每天都要这样转好几圈。

慧慧的这种情况，有可能是在家里哭时，家里人让她自己擦擦眼泪，喝口水，如果她这样做了，家人就会夸奖她。慧慧也认为哭是件不好的事情，不被大人喜欢。于是哭过之后为了让那个还不熟悉的成人满意，就自动地去擦擦眼泪喝喝水，做完这两件事之后，她认为成人应该对她满意了，于是提出自己的要求，去找自己熟悉的地方——家。但她不知道在这个陌生的地方如何找到自己的家，于是就按照自己的感觉指着某个方向让老师带她去。走了几步以后，她发现没有看到自己熟悉的环境，就又指另外一个方向。

理解了慧慧的行为目的后，老师就知道怎样帮助她了。当慧慧提出要求的时候，老师带着她一起去寻找，使她对老师产生安全感，从而感受到自己是被接纳的，于是消除了无助感。由于对依抚老师（依抚老师——有些幼儿园都会为新来的孩子安排一个专门的老师，在孩子入园适应期内，这个老师负责与他熟悉起来，并专门照顾这个孩子，叫作依抚老师。这样的幼儿园一般在一个时间段内只接收一个孩子，不会让众多新生一起入园。依抚老师会在家长陪园期间负责与孩子混熟，家长离开后，就暂时代替家长，一天中任何时候都和孩子在一起，直到他能够离开老师找其他小朋友玩为止。）建立起了安全感，慧慧会将这种安全感进一步扩散到新环境中的其他因素。

另一个例子是关于浩浩的。他已经不再哭了，但是却有一些莫名其妙的行为。他会无缘无故地踩老师的脚，然后仰起头来看着老师，如果老师没有反应，就蹲下来用手撕老师的鞋子，一直到把鞋子脱下来，然后提着鞋子找到一个自己认为安全的地方藏起来。

有一天，小朋友们在玩“接龙”游戏，每个人都拉着前面一个人的后衣襟，大家组成一条长龙，随着音乐舞动。依抚老师将浩浩拉到自己身后，让他拉着自己的衣襟。后来老师觉得有点不对劲，回头一看，只见浩浩正用嘴咬着老师的衣服。老师蹲下来劝他松口，但浩浩又撕又打，老师刚站起来，浩浩马上跑到老师后面用嘴咬着老师的衣服不放。整个下午，不管老师走到那里，浩浩都用嘴巴紧紧咬着老师的衣服跟在后面。老师怕他太累了，就坐了下来。浩浩又开始扒老师的衣服，老师说：“那是老师的衣服，我还要穿，不然会冷。”可是不管怎样劝说，浩浩都不肯松手。最后老师只好把衣服脱了下来，浩浩马上抱着老师的衣服藏了起来。

浩浩的行为乍一看不可思议，其实他是在通过这种行为建立安全感。他用脚踩着老师的脚，眼睛看着老师，如果老师没有激烈的反应，那说明老师是安全的，他就会由此开始信任老师。将老师的鞋子脱掉，是出于自己需要保护的心理，出于把自己放到一个安全的地方的需要。他将这种需要移情给了鞋子，将鞋子藏到安全的地方也就是把自己藏起来了。后来他用嘴咬老师的衣服，是因为他认为用手抓不紧，用牙齿咬着比较保险。正如前面的鞋子，这时，他把对安全的需要投射到了衣服上。

理解了孩子的这些奇怪行为，我们就不再迷茫。浩浩虽然不再哭闹，但他还没有真正适应幼儿园。当他在这样做的时候，老师需要耐心地等待，在他向老师望去的时候，回以微笑。

浩浩用这样的方式，探索哪个老师是安全的。当他发现所有的老师都是安全的后，就不会这样做了。这个时期成人如果不理解孩子，以为这是一种怪异行为或一种坏习惯，并对此感到紧张，或者试图去消除这种坏毛病，就会破坏孩子对安全感的建构。

学会倾听

入园期的孩子情绪会产生很大的波动，较之以往，可能会出现更多的闹情绪、发脾气、大哭大闹、不合作不讲道理的时候，这时，很多父母都不知道该如何做才好。父母们常抱怨说："我真不知道这孩子是怎么了，刚才还很好，突然就闹起别扭来了，怎么哄也不行。"

美国长期致力于家庭教育和心理咨询的帕蒂·惠芙乐写过一本书，叫作《倾听孩子》，她认为孩子不正常的表现在孩子成长过程中起着特殊的作用，如果处理得当，就会有利于孩子形成健全的人格和健康的心理。孩子每一个不正常行为的背后都有一个正当的理由，他们用这些行为宣泄心里的负面情绪，是在呼唤成年人的关注，以便帮助他们更好地宣泄，从而获得最终的康复。所以当孩子有不正常表现时，父母应当通过倾听给孩子以最好的关注。当孩子有不良情绪时，做父母的不但要保持可亲的态度，还要耐着性子关注孩子，帮助他发泄不良情绪，这个过程就是倾听的过程。

倾听是一门艺术，家长应该这样去做：

1. 平静安详地倾听孩子

我们所说的倾听并不像成人与成人那样，两个人坐下来，一个人平静地倾听另一个说话，而是要采取一个有效的行为过程帮助孩子抚平内心的创伤。

有一天，由由的家里来了六个小朋友，其中一个小朋友提出想吃蛋糕。由由的妈妈马上要阿姨到街上买了一个小蛋糕，上面有三朵漂亮的奶油花。由由看到了，马上就紧张起来，要求妈妈一定要单独分给他一朵完整的奶油花。妈妈觉得这个要求太霸道了，便对他说："这个蛋糕是买给大家的，要公平地分，谁分到了就是谁的。"妈妈这样说的时候，由由只是注意到了"谁分到了就是谁的"，认为自己肯定能分到一朵，于是高兴地坐到桌边等待。妈妈将蛋糕平均切成六块，按顺序轮流分给小朋友，分到由由时正好是一块没有奶油花的蛋糕。由由马上跳起来，威胁妈妈说自己不吃饭了。

此时，妈妈已经接受了专家指导，妈妈选择了倾听。她告诉由由："你可以选择不吃饭，但奶油花的确轮到你就没有了。"

由由大哭起来，开始在地上打滚。妈妈将他抱起，对他说："我知道你没分到奶油花非常伤心。"

由由哭得更伤心了。妈妈平静地看着他。哭了一会儿，由由说："要是今天是我的生日，我就能得到一朵完整的奶油花。"

妈妈赞同地说："是，如果是你的生日，你是寿星，大家一定同意将一朵完整的奶油花分给你。"由由这时发出苦尽甘来的哭声，接着说："如果有房子那么大的奶油花就好了，每一个人都可以分到。"

妈妈说："是啊，如果真有房子那么大的奶油花，每个人分到就好了。"妈妈又问："如果没有房子那么大的奶油花我们应该怎么办?"

由由又伤心欲绝地哭起来。

这时，妈妈说："要不然，给你一半可以吗?"由由边哭边说：“如果你一开始就这样分，就好了。”

妈妈立刻和孩子道歉，说：“对不起。妈妈做得不对。”又是一阵痛哭之后。由由说：“你经常发脾气。”（在哭的过程中，妈妈对他的认可和道歉使孩子对妈妈产生信任，开始收集自己内心的伤痛，并把它表述出来。）

这时妈妈赶快对由由说：“对不起，妈妈再也不发脾气了。”又是一阵伤心的哭泣之后，由由说：“你还打我。”（我们看到，只要成人平静耐心地倾听孩子，孩子就会将曾经的伤痛表述出来。由由由于奶油花引发的不快在妈妈有效的倾听后，转变为对以前积压下来的伤痛的梳理。）

这时，妈妈说：“妈妈打你是不对的，以后妈妈再也不打你了。”

由由抽噎了一会儿，突然止住哭泣，含着眼泪，提议说：“我们可以用鲜花代替奶油花。”

妈妈拥抱他，说：“这个主意太美了。”

由由搂着妈妈的脖子亲吻了一下，说：“咱们吃蛋糕吧。吃完了，我带小朋友们到公园里去，他们不知道公园的门怎样进，我会带他们进去。”

我们看到，孩子在消除了不良情绪后，会变得温柔体贴，并充满了爱意，此时正是修复亲子关系的时候。妈妈要营造美好的氛围满足孩子的愿望，使孩子的身上焕发出人性的光辉。当我们看到孩子这些美好的人性时，刚才倾听过程的厌烦也会一扫而光。孩子反馈给我们的爱会滋润着我们的心田，使我们心中也充满了爱。

2. 与孩子共情

在孩子忧伤或者生气的时候，成人及时的共情可以消除孩子的不良情绪，恢复平静。共情就是我们用心灵去感受孩子此刻的心情，用身体语言和表情，再加上简洁的语言表述使孩子发现自己的烦恼是能够被我们理解的。此时，孩子就会产生感激的情感，觉得成人是他的知己，从而消除不良情绪。

下面的故事是一所幼儿园的老师记录的观察笔记，详细叙述了与孩子共情的过程——

我把水儿抱上班车，让他和良良坐在一起。良良手里拿着两根棒棒糖，满怀关切地看着水儿说："我要分享一个棒棒糖给我的好朋友水儿。"可是水儿哭得太伤心了，他顾不上理会良良的好意。

"宝贝，你为什么哭呢？"我坐在水儿的面前，轻轻地握着他的小手问道。水儿没有理我。过了一会我又问："宝贝，我觉得你哭得特别伤心，发生什么事了吗？"

水儿哽咽着断断续续地说："妈妈……妈妈……"

听他这样说，我想一定是在家里妈妈说了什么或者做了什么，让他伤心了。

"请告诉我，妈妈怎么了？"

"妈妈没有跟我说……"

"妈妈没跟你说什么呀？"

"妈妈没有跟我说她就走了。"

"哦，原来这样啊。我想那是因为妈妈早晨上班太早，走的时候没有来得及告诉水儿，所以就伤心了，对吗？”

水儿点点头，渐渐平静下来。

我继续说：“你想让妈妈早上送你，是吧？”

“是。”

“那，你看这样好不好——咱们跟妈妈说一声，下次走时一定要告诉水儿‘妈妈上班去了’。如果妈妈不忙，就让她来送水儿，如果妈妈很忙，就让她去上班？”

听了我的建议，水儿点了点头，停止了哭泣。

这时，良良见好朋友已经雨过天晴，又拿出自己的棒棒糖与他分享，这一次水儿欣然接受了。他们一边听我讲故事，一边吃着棒棒糖，心情愉快地来到孩子之家。

水儿请老师帮他解开安全带，并带他下车。孩子之家的大门开着，但他并没有进去，而是用手抓住门上的扶手，站在门的旁边。

那天是星期一，孩子们的包很多，我要等孩子们都进屋了才能把所有的包都拿进去。在这个过程中，水儿一直站在那里。等我把孩子们的包都拿进去了，他还站着。我突然想起有一样东西忘在了车上，便返回来取。

水儿扬起他的脸，看了看我，开口问道：“徐老师，你的东西拿完了吗？”

“拿完了。”

“那现在我可以和你一起进屋吗？”

“当然可以，宝贝。”

直到那一刻我才明白过来，原来水儿一直在等我。他从下车的那一刻开始就在等待和我一起进屋。我真的好感动啊。

让我感动的还有——在我提包的时候，水儿并没有像有的孩子那样哭着要老师抱。他看见我正在工作，所以没有来打扰。他静静地站在铁门边，等待我干完了所有的事情。

进了门厅，水儿很快就换好了鞋，自豪地对我说："老师，你看，我自己换好鞋了。"（水儿以前换鞋都会磨蹭到最后）进屋之后赶紧洗手，洗完了便跑到我的面前说："老师，你看，我的手洗干净了。"

接下来的两周，每一天水儿来园后都会站在铁门旁边，等我工作完了，牵着我的手一起进屋。有几次我特别想抱一抱他，想到这只是我的需要，就忍住了。

我真的特别感谢水儿，是他让我真正体会到了——给予孩子的同时，孩子会回馈你更多的爱。

与爱他的人相比，孩子更喜欢那个能够理解他的人。就因为那次的共情，我和水儿成了知己，我俩也因此获得了成长。

这位老师在水儿伤心的时候，对孩子进行了共情，她做得很到位。她不是在没有线索的情况下自己乱猜，如果那样，就会搅乱孩子对自己情感的认知。她是在孩子已经表达出部分内容之后，判断出孩子伤心的原因，又用自己的心灵去感受孩子的心灵，以达到共情的目的。

共情需要一种能力，就是能够感受对方并能准确地表达出自己的感受，在表达的过程中与孩子恰当地互动，使其情感宣泄得更加畅通。

3. 游戏倾听——疏导孩子的焦虑和恐惧

在孩子感到焦虑害怕和担心时，对孩子进行游戏倾听可能是最好的方式，“游戏式倾听”确保孩子在游戏中担任强有力的角色，以此来体现家长期望了解他的想法和感受的诚意。当家长让自己扮演弱小无能的角色时，孩子就会感到有足够的自信表露他在重要问题上的想法和感受。作为倾听者，家长要抓住时机，在玩耍中帮助孩子通过大笑来缓解某种特定情况所引起的紧张情绪。

例如：一个孩子想给父亲打针（孩子最近刚挨过一针），他已经向父亲提出了这个要求。假如父亲一反平日里矜持的常态，扭转身子假装逃跑，或者滑稽地叫喊，戏剧性地对孩子说：“不！不要打针！求求你了！”那么孩子就会笑起来，坚持要父亲接受他自己曾被迫接受的打针，释放打针给孩子带来的不安和紧张。

如果成年人在游戏中能放松地扮演弱小角色，让孩子扮演强者，使孩子持续主导孩子与父母的关系，决定是否袒露自己对某个问题的感受和理解。大笑能化解他与这个问题有关的紧张情绪。假如成年人能坚持玩下去，孩子可以不停地笑上半个小时或更久。

开始做“游戏式倾听”时要注意是什么让孩子发笑，以便能做更多令他发笑的事。好的“游戏式倾听者”要扮演一个毫无威胁性的但又很有趣的弱者。他要保持把注意力放在孩子对游戏的反应上。比如，如果孩子要你追赶他，不要以为你该装成妖怪去追他。（我们成年人总想去改变孩子的游戏的全部内容，使之符合我们的意图。）假如孩子要玩追人，你就只管弄出点追人的声势，但不要让自己追上他。你可以让自己偶尔揪住他的后衣襟，或者抱住他，但最后总让他逃脱。假如孩子要你装成妖怪，那么你装的妖怪应该是迷迷糊糊、愚笨无能的，不应是强大的、可怕的。

如果孩子很小，成人就应扮作非常孤弱无力的角色，以引发孩子大笑。但是，一个正在长力气、培养自信心的孩子，则往往在战胜较强的抵抗者或竞争者时才会欢快地大笑。如果游戏中你太强大，孩子会因为恐惧使他怀疑你是否对他友善。孩子需要有充分的安全感和自信心，才能缓解他在有关问题上的紧张情绪。还有个问题要注意：不要胳肢孩子，胳肢孩子会使你在无意中占了孩子的上风。

父母有时会担心自己扮演无能的角色会失去孩子对自己的尊重。这种担心是没有根据的。当然，孩子会因为有机会对家长说明自己的问题，并能以愉快的方式与你打斗一番而感到很兴奋，有可能要求安排更多的"游戏式倾听"的时间，大大超过你的"时间预算"。共享一段笑声不断的游戏时间后，孩子会明显地对你更有感情，更亲近，不抱戒心。有时他会让更深层的感情自由地流露出来。

游戏和笑声已经让孩子对你们的关系有了完全的信心。他现在可以让你更多地了解他内心的痛苦了。

对我们大多数成人来说，投入地与孩子一起做游戏而又只能做输家是件不容易的事。一般来说，我们小时候，父母工作太辛苦，承受着太多的压力，不能以这种方式与我们玩。我们很少遇到能抛开自己的烦恼，玩的时候不一定非得占上风的成年人。假如你感到"游戏式倾听"太困难，你可以试着找个人谈谈你的困难所在，花些时间谈谈妨碍你做这种游戏的烦躁不安和忧虑，这样你即使感到不舒服，也还是能把这项试验做下去。（引自帕蒂·惠夫乐《倾听孩子》，第7页）

4. 避免暗示

家长在对孩子倾听和共情时要避免暗示，分清孩子的哭闹是由于真的有焦虑或悲伤的情绪，还是已经把哭当成了威胁妈妈的手段。

如果家长在处理孩子的不良情绪时使用的方式经常过于煽情或

夸张，就会使孩子习惯在非常细小的事件上寻找不快，以便引起妈妈的注意。这时妈妈采用共情的方式，就会造成暗示，孩子的哭闹本来是没有目的，可是你的安慰话语使他寻找伤感因素，结果真的闹起情绪来。

聪聪从一岁多爱哭，现在四岁了，还是经常用哭泣解决问题。几个月前，妈妈学会了使用共情语言，于是一有机会就拿出来使用。一天，中央电视台去他家拍摄《七巧板》的育儿节目。当时聪聪刚午睡醒来，正坐在床上大声哭着，姥姥和妈妈都围在他身边。电视台的叔叔们在旁边站了一会儿，和他熟悉了以后，就准备开始拍摄。聪聪大哭着说要出去，妈妈将他抱在怀里，坐在床上，说："妈妈知道你很伤心。"聪聪看了摄像师一眼，又靠在妈妈身上哭起来。

妈妈说："聪聪害怕了是吗，家里来了这么多人。"聪聪又看了电视台的人一眼，眼中马上露出害怕的神情，将头深深地埋在妈妈怀中，做出非常恐惧的样子。妈妈赶紧说："聪聪不怕，他们是来拍摄的叔叔。妈妈知道聪聪很害怕。"这时再看聪聪，他趴在妈妈的肩上，连头都不敢抬了。

摄制组的成员只好暂时离开他家到院子里去。过了一会儿，聪聪下楼骑滑板车，扭头看到了他们，马上发疯似的朝妈妈的怀中扑去。他真的害怕了。

回去的时候，有位阿姨在电梯里让他看了一下脖子上挂的项链，和他讨论了一下项链上面漂亮的小珠子，他的情绪才开始平静下来了。进了屋，聪聪就开始在摄制组的面前又跳又唱地表演。

这说明，聪聪刚才的害怕情绪完全是妈妈暗示出来的，而不是真的害怕。成人也会有这样的经验，当有人提示我们周围某项事物很可怕的时候，我们就会不由自主地在上面寻找可怕的因素。所以，在还没有搞清孩子的状况之前，千万不能使用公式化的共情语言，否则，语言就会成为暗示。

积极引导

在孩子入园期，只倾听和共情是不够的，这些方法只能在孩子出现严重焦虑状态时消除不良情绪，而不能避免这些情绪的产生。要使孩子能够尽快地融入新的团体，最好的办法还是积极引导。

孩子在入园期，情绪会波动得非常厉害，当不良情绪出现时，家长一方面要进行倾听，一方面要与孩子共情，共情时一定要恰当地进行正向引导。可以跟孩子讲："告诉妈妈，你为什么生气?"或"我感觉到你很生气。"孩子没有也无法很好地表达让自己情绪不好的原因。

如果孩子没有在幼儿园发泄，那么就会在回到家以后，因为一件不快的事而将所有的情绪发泄出去。家长了解了这一点，就没有必要对孩子说："妈妈知道你现在觉得这个饼干不是圆的，是因为你在幼儿园积压下来的不良情绪在作怪，并不是真的因为饼干不圆。"家长只针对当下的情况处理情绪就可以了。

入园期的雨枫也属于经常在家闹情绪的孩子。一天，爷爷洗完桃子递给她时，不小心将桃子掉到了地上。雨枫马上躺到地上开始打滚，显得痛苦不堪。爷爷将她抱起来，她不断地用拳头捶打爷爷，一遍一遍地说："给我洗——给我洗——"爷爷按她的要求洗了三遍，她还是说同一句话："给我洗，给我洗!"

实际上，孩子并不是要求爷爷给她洗桃子，而是用"给我洗"

这三个字发泄情绪。这时，爷爷只要蹲下来平静地看着她，等她发完脾气，把她抱在怀里安抚一下，并说："桃子掉到地上，你很生气，现在我们一起去洗桃子吧。"这时，孩子就会顺从地去做大人建议的事，在洗桃子的时候，被洗桃子的工作吸引，从而忘记了不良情绪。

工作会使孩子的情绪恢复，所以在孩子发完脾气后，要引领孩子工作。

1. 引导孩子发现乐趣

孩子面对陌生的环境和事物，总是先默默地观察，这时他会显得浑浑噩噩，或看上去总在发呆，这种情况出现时，说明孩子正在感受他所注意的事物。当孩子观察完一个目标，还没有寻找到下一个注意对象时，成人可将某个玩得很开心的小朋友指给他看，并用讲连环画的方式来解释那个孩子的行为，使他感到有趣好玩。如果被介绍的孩子正在做智性的工作，就可以介绍一下这件事的困难之处，那个孩子的解决方式，以及他的办法是否有效，这样，刚入园的孩子就会很快地对那些活动发生兴趣，紧张的情绪也会得到缓解。

2. 引导孩子发现朋友

在孩子观察环境时，成人可以确定一个小朋友为目标，说出他的名字，不断地指给孩子看他所做的事，如：

文文现在去找树叶了。看，他想用树叶搭一座桥。哇！桥塌了！文文跑了。噢，原来他是去找板子了，他找了一个长的板子。他还要搭一座更长的桥。

文文好像想尿尿，看，他去找老师了，现在老师领他上卫生间尿尿。

文文累了，躺在地上，真舒服呀！

……

幼儿园有很多的小朋友，新来的孩子看的只是一个群体印象，感到茫然、无所适从。如果你将某一个小朋友单独提出来，介绍给刚入园的孩子，他就会在群体中发现一个与他类似的个体，深入地观察这个孩子的行为，并对他熟悉起来。有可能将来他的第一个朋友就是你给他介绍的那个，即使这个小朋友不愿意和他玩，孩子心里也已经有了这个小朋友，这会使孩子在家人离开后也感到安全。

有些幼儿园会给新来的小朋友介绍一个愿意和他做朋友的孩子，我们将这个孩子叫“心理医生”。这个小心理医生对新入园孩子的作用，往往比老师还大。

3. 引导孩子发现和信任老师

在陪园期，指定一个老师，使你的孩子注意到他，给孩子介绍老师的行为，最好这个老师恰好是你孩子的依抚老师。这样，孩子可以更快地与老师熟悉，建立起对幼儿园的安全感。

上面具体谈到家长和老师应该如何帮助孩子度过入园初期的生活，以下有一个具体的案例，我们可以从中看出帮助一个孩子是多么的不容易，不仅需要家长和老师配合，还要有细心，耐心，恒心。

明明在来幼儿园之前，已经在另一所幼儿园上了两年。他被妈妈领来时，是一个……怎么说呢……就好像教室里没这个人似的！既无声又无影。他每天到幼儿园所做的第一件事情就是找一个角落藏在里面。

有一次，孩子们发明了一种游戏，叫“亲人鬼”，就是大家全都变成“亲人鬼”了，满教室亲人。扑上去把别人按倒，使劲亲，只有这个被亲的人假装死了，“亲人鬼”才会离开，再去抓一个来亲。明明被这种场面吓坏了，本来躲在墙角的他，赶紧扯过窗帘，盖在自己的脸上，后来连脑袋都裹住了。

因为刚来不久，我一边观察他，一边在努力想办法搞清楚——为什么在人们欢乐的时候，玩得高兴的时候，明明却是如此的拒绝和害怕，甚至要用窗帘把自己捂住呢？

平时如果发生什么事，老师刚要问“这是谁干的”时，他一定第一个站出来申辩“不是我”！

这到底是为什么呢？

有一天，我带来小推车，轮流来推孩子。每个被我用小车推着的孩子，嘴里都发出嘟嘟的声音，一个个都喜不自禁，旁边观看的孩子们也被感染得咧开嘴笑着。明明两手背在身后，手心向外，紧紧地贴在门上。他每天都是这样，每当别人活跃的时候，他就紧紧地贴在门上或者墙上。

孩子们快乐地笑啊说啊时，明明脸上没有一点点被吸引的表情。

他就像一只不得不在白天走出洞外的小老鼠，眼睛怯怯地、恐惧地看着别人玩耍。

这天，我推车时，全全撞过来了，一跤摔倒在地，大哭起来。

一个老师跑过来，拉起了全全。而与此同时，我也正好喊了声“明明”。

明明哆嗦了一下，赶紧说："不是我！不是我……"他的神色紧张极了。

全全跌倒，是他不小心自己摔倒的。我喊明明，是因为轮到他坐车了。巧的是，两件事情正好撞到一起。

而明明以为，我认为是他推倒了全全。我喊他，是要斥责他了。

孩子们都在轮流坐我的车，坐完一个我就喊下一个的名字。这个过程自始至终明明都看在眼里，他应该由这个"现象"归纳出这个"结果"才是——李老师喊他的名字，肯定是要他来坐车的。可是，他归纳出来的，竟是我认为是他推倒了全全！

我在想，到底发生了什么，让这个孩子如此心惊胆战、草木皆兵，以至于……思维混乱？而且，从这些情形看，明明不再信任老师，不相信老师用车推了其他孩子之后也有可能来推他。他已经不相信自己拥有这样的机会了。

我对明明说："明明，全全是自己摔倒的，与你没有关系，老师喊你是要用小车推你呢。"

他梦游似的上了车。在我推他在屋里转圈的时候，他的脸上没有任何表情。自从入园以来，我从未见到明明脸上有过笑容。我甚至怀疑他不会笑。

从那天起，无论走路还是吃饭，我心里都装着这个被恐惧折磨着的小身影。

我约明明的爸爸妈妈谈话。我发现他们俩根本不知道明明在幼儿园里表现出来的这种状况，而他们所担忧的，也不是我认为的该担忧之处。我只婉转地描述了一下明明由恐惧而引发的一些行为。谁知刚讲了一点点，明明妈妈的眼泪就下来了。

难道是这位妈妈隐瞒了什么？孩子在家是不是也有这种由惊吓而表现出来的不正常状态？或者，是她因为没有认识到这个问题而不能发现？无论是哪个原因，都说明这位妈妈对于孩子的精神关注还不太到位。

我给这对父母讲了孩子的情绪护理和心理护理方面的基础知识，再为他俩分析了明明现在的状态会给他将来造成什么样的影响，还讲了他俩应该怎么做、我们应该怎么做，之后，向他俩推荐了几本必读的教育书。

不管怎样，明明妈妈流泪这件事让我感到欣慰。因为这说明她能体验到孩子的痛苦，能心疼孩子，是个有感觉的妈妈。我平时最怕的，是那些急着追问怎么办但情感麻木的父母。

最后，明明妈妈问我孩子现在怎么办——这正是我想要的。

我说：现在我们能做的，就是尽量给孩子关爱，尽量让他发现这个环境是爱他的，是自由的，他可以随自己的意愿来做事情，甚至可以大声说话，可以蹦跳，如果高兴了，还可以爬到任何一个他能爬到的地方，不必非要看成人脸色行事。

他妈妈说：就是现在鼓励他这样做，他也不敢呀。

我说：在这个环境里，他会发现其他小朋友与老师之间的关系跟他以前的幼儿园不同；他看着他们欢闹，乱跳乱蹦，大声说话，可以自由地做自己的事情，老师对他们就像对自己的同伴一样；老师不会责骂任何一个小朋友，不会向任何一个小朋友发火……这些信息会在他大脑里积攒起来的，当积攒的量达到一定的程度时，就会产生质的变化。这时，他就认定在这里他也可以像其他小朋友一样自由而快乐地生活了。

听了我的话，当妈妈的已经哭得收不住了。我对她说："请你放心，明明会到这一步的，但在走到这一步之前，他会经历一个修复期，你得做好准备。”

“什么是修复期?”

“就是变得不可理喻，比如你给他一个蛋糕，他会摔到天花板上。”

“那……为什么呢?”他妈妈问，眼神流露着不解。

我说：“如果孩子以前不存在被压抑的问题，他的发展就是正常的，他的行为就会按照自己内心的指引和需要做得恰到好处；而如果孩子遭受过压抑，一遇到能够释放的环境，那他就会矫枉过正。”

这个过程是这样的：如果一个饱受压抑的孩子遇到一个爱与自由的环境，通过观察和验证，他发现这个环境大概是可靠的、接纳他的，觉得与他生活在一起的成人大概真的爱他，真的会乐意帮助他。那么，这个孩子就会逐渐展开他的生命形式，逐渐开始试验——试验这个环境对他的接纳是不是真的，试验这些人对他能够爱到什么程度，试验能不能做以前不敢做的事情……这个时候，他的行为就会超过那个“度”，而成为常人认为的“胡闹”、我们所说的“修复”了。这就像一个饿急了的人，遇到食物时一定会吃过量。

也就是说，如果一个孩子在自然成长的过程中，只要是应该发生的而没有发生，应当经历的而没有经历，应该做的没有做的话，就算欠下“成长”债了。当进入爱与自由的环境之中，他一定会讨还这个债的。而如果没有“讨债”的机会，“讨”不回这个“债”，这个“债”所遗留下来的问题，就会铭刻在他的心灵中，成为他人格的一部分，如果没有人帮他解决掉，就会直至成年，直至永远。

而根据我的经验，明明不但以前的过激行为被控制、被压抑了，就连正常的兴奋行为，甚至正常的工作行为都被控制、被压抑了。一旦我们再给他行使这种行为的权利时，他所要做的，不是利用这个权利进行工作进行重建进行发展，而是首先关注他“能不能拥有这个权利”，以及“能在多大程度上使用这个权利”。

所以，我说他会变得不可理喻，甚至会把蛋糕摔到天花板上，这是完全有可能的。

他妈妈一听，显得很紧张，说：“那，该怎么办呢?”

我说：“只要你的儿子不把煤气灶搞爆炸，不把房子点燃，不把其他孩子弄伤，不把自己弄伤，其他所有的行为都允许他做。”

我继续说：“明明只有经历过一个严重的修复期，才能真正地重建自己，把自己建构成一个活泼的、很有内在力量的、同时又很有自我约束能力的孩子。”

“那我们在家该怎么做呢?”他妈妈问。

我说：“每当孩子看你的时候，就向他微笑；让家庭的环境自由起来；除了会造成大的破坏和伤害的可能之外，尽量允许他自由地尝试他想要尝试的一切；尽量抽出时间跟他玩，跟他嬉戏；比如找一块纱巾，跟他做‘捞大鱼’游戏——就是一网不捞鱼，两网不捞鱼，三网捞大鱼……实际上，这就是‘游戏倾听’。通过这些做法，让孩子建立起对父母的信任，让他彻底放松下来。”

再后来，每当教室出现欢歌笑语，明明本能地藏在窗帘后面时，我就忍不住地推测：在他以前上的那个幼儿园里，老师的所有课一定是有组织的、一刀切的、统一行动的。在这个“被组织”的时间内，所有的孩子都要听从老师的指令，要干什么，就干什么，不许说话，不许乱动。憋了一堂课后，下了课，孩子们就会像监狱放风那样开始撒欢了。这时必然会闹过头，闹过头老师就会认为纪律不好，就会不高兴，而这时，孩子们已经刹不住闸了，老师无法用一个温柔的眼神控制住这一切。老师大多会扮演“让群体感到害怕的人”。所采用的方式一般是杀鸡给猴看——某某某，请你闭嘴！某某某，你要是再不安静我可就不客气了！

结果老师真的就会“不客气”：会把某个孩子按在墙边罚站，或者关在一间会让孩子们害怕的屋子里面，关的时间往往超过孩子能够承受的量。这样，孩子们会因为惧怕惩罚而听老师的话。而这个老师，就会像顶在他们脑袋上面的枪口——当一个人脑袋被枪口顶着的时候，他一定是顺从的；一旦把枪拿开，第一个行为就是逃跑或者反抗了……

我儿子上幼儿园时，老师就这样做。孩子天性活泼，爱说爱动爱闹爱玩，每个孩子的形态都是不同的，“这个孩子”的不同与“那个孩子”的不同就像玫瑰与月季的不同一样，怎么能要求一刀切呢。如果课堂要求过严，即便是安静型的孩子也有憋不住的时候，也会寻找机会“放”一下的。尤其下了课，孩子会自然“放”开，而老师又没有恰当的“收”的办法，他们就会怨恨孩子而不是怨恨自己——就会觉得，这些孩子怎么这么闹啊，怎么这么不守秩序啊。

就是在课堂上，每当孩子们热烈地朗读或者讨论时，这种能量也会憋不住地迸发出来，比如会意地大笑，热情高涨，高涨得不得了，课堂上就会喧闹成一片。这时，传统的老师通常所使用的方式就是大喊一声，或猛敲桌子，嗓门特大，表情特凶，样子特别可怕。孩子是感觉动物，非常灵敏的感觉动物。这一分钟你冲着他笑，下一分钟你突然面目狰狞了，让他那灵敏的心灵如何承受呢？

在幼儿园，老师们会用一套特殊的技巧来“收”，让他们归于安静。不然孩子就会“发疯”，就会敲桌子说脏话，由讨论问题发展到说脏话。

我推测，多次这样的经历让明明变得十分警觉、十分灵敏、知道如何才能保护自己了。每当他感觉到老师快要骂人的时候，甚至当老师喊了他的名字时，他就会本能地启动自我保护机制——比如扯过窗帘，把自己遮在里面。他肯定在以前的园里用这种方式逃过了许多次可能的惩罚。这也是明明成长起来的自我保护的智慧。

大概用了两个月时间，明明这才确定，他的“遮起来”没有任何意义。

因为每当他“遮起来”时，没有人注意他的“遮起来”，没有人在乎他的“遮起来”，甚至没有人发现他已经“遮起来”了……

而且，他还发现，对于活蹦乱跳的孩子，老师并没有实施严厉的惩罚。如果有人闹得太过火了，比如一把将小朋友推倒，或者破坏了他人的工作，老师最大的惩罚就是抓住他的两只胳膊，告诉他：不可以推小朋友，不可以破坏他人工作。如果不听，还继续闹，就会带他到“反思角”反思一会儿，之后还要在他的脸上亲一下，表示你虽然违反了纪律，做了不好的事，但老师仍然爱你。

这一切都被明明看在眼里，他开始慢慢信任这个环境了，他的安全感也就慢慢建立起来了，因而，也就顺理成章地，拉开了“修复”的序幕——

开始的时候，明明用试探的眼光怯怯地在教室里走来走去，试着摸摸这个摸摸那个，试着拿眼睛扫着老师，看看老师有什么反应。许多次之后，发现没反应，就跑跑停停、停停跑跑，发现老师也没有什么反应。于是，突然有一天，他彻底放开了——开始抢夺小朋友的东西。

最初，当这种行为发生时，老师便走过去说：明明，不可以抢小朋友的东西。但不起作用。再制止，仍然不起作用。

我们想了一下，就开始嘲笑起自己来了。在明明以前的幼儿园里，老师在发现这种情形时，所使用的表情一定是非常严厉甚至可怕的，所使用的口吻一定是斩钉截铁的甚至声嘶力竭的，所使用的用语多半都是不加选择的。而我们的老师，友好的表情、温和的口吻、善意的用词——“不可以抢其他小朋友的东西”——这怎么能使明明停止他的抢夺呢？

明明发现，哇！原来这样啊！我可一点不怕他们！

所以，几乎是突然之间，明明开始乱跑乱闹乱喊乱叫了，他将抢夺其他孩子东西的行为升级到疯狂的程度。不论你玩的是玩具还是教具，他都是猛冲上去抓起就跑。

在那段时间，老师们每天要做的事就是在鬼哭狼嚎声中追赶明明，把被抢教具或者玩具夺回来！然后再帮那个被破坏了工作的孩子恢复原位。

最要命的……是明明发展到推人，乱砸乱扔东西！他的行为完全失控了，一拿到任何东西，都会朝着人群砸过去！他的“拿”和“砸”都是无意识的，因而更加难以调整。比如他拿起一只杯子哐哐就砸，根本不知道自己为什么要砸这只杯子。他没有意识地在动。他就是想动、想破坏。

如果是个正常孩子，他拿到这个杯子时会先看一看，如果觉得好看，就会仔细观察，或者这里敲敲那里敲敲，听听声音好不好听，揣摸能够干什么，怎样用它来玩，等等。这是孩子的探究，就是所谓的“工作”。他是为了了解这个东西才这样做的。而当一个孩子拿着杯子，手在哐哐乱砸，眼睛却在东张西望，砸着砸着，完全没有目的地哐地一下扔过去了——这种无目的无意识的行为，是孩子的不正常状态。

这就是说，明明只有动的欲望，而没有想到为什么要动，动是为了什么目的。这种无意识的动，证明了我先前的推测：这个孩子动的欲望曾被严格地控制过，被严重地阻碍过，因而成了他的问题。

当一个人心里有了某种问题的时候，他就无法正常思考了；当这种问题成为他的痛苦根源的时候，快乐原则就启动了。

快乐原则指的是，在人的心灵里，本来应该是被快乐充满着的。整个空间没有给痛苦留下任何位置。如果痛苦侵入了，而你又不太在乎，那么这个痛苦就会待在原地，不会扩散，你也能够忍受，仍然是快乐的，只不过快乐的质量有所降低而已。而当这个痛苦加大，使你很在意了，这个痛苦就会急剧扩张，成几何倍数地放大开来，致使快乐的空间被严重压缩。这个时候，人的快乐原则就会启动，就会寻找快乐，人也就会在转瞬之间进入到丧失理智的状态。

快乐原则其实一点都不快乐。它不过是为了排泄痛苦所采取的行动罢了。

明明的快乐原则是什么呢？就是动！

这就是修复！这种由于突然的松绑而导致的过激行为，它在教育方面及在孩子发展方面的意义何在呢？

第一，遇到了一个爱他的、给他自由的环境。

第二，说明他以前在家庭或者学校里，肯定存在过被压抑或被干涉的情形。他在哪方面出现了修复现象，就意味着在哪方面出现过问题。

第三，只有通过这样的修复，他才有可能进行心理的、人格的、以及学习机制的重建，展开他的生命，从而走向正常。

现在，对明明来说，首先要解决的，就是前面所说的那个“走过头”的问题。等这一步完成之后，他才会重新建构自己，让生命重新显现自然法则，放射灿烂光辉。

后来，明明发展到一天到晚不停地在教室里转着圈儿疯跑。他一点道理都不讲了！不要说跟他讲理，就是要对他讲话，不管任何事，你还没开口，他就已经哇哇尖叫了！他的尖叫声就像擦刮铁器的那种声音，刺耳得要让人精神崩溃了！他如果要干一件事而你不让，他就会用这种刺耳的尖叫声号啕大哭。

有一次，他非要钻进布柜里去，我想要是让他钻进去了，其他孩子也会模仿着钻进去的，所以坚决不让他进。他疯了似地喊叫，跺着脚哭，骂我臭老师！还用拳打我。

我想应该对他实施倾听了。这种发脾气和尖叫倒是个难得的教机。明明需要通过喊叫、出汗、发抖把以前积攒在心里的恐惧发散掉一些。成人如果能够恰到好处地倾听他，就能达到意想不到的效果。

在幼儿园，不可以钻进储物柜是一条行为规则。我想试着为他建构一下这个规则。

我抓住他的手，眼睛看着他的眼睛，说：“明明，那里面不可以进去。”

明明拼命地要往柜子里钻，我挡在他和柜子之间。他暴跳着、尖叫着想把我推开。我知道，这时，进柜子的需求已经退居次位了，而与一个他心目中由来已久的、代表着“恐惧”表象的老师的抗争，升到第一位了。实际上，我心里已经开始暗暗高兴：他能够在我面前这样不理我的要求，并且能够抗争，说明他认为我是安全的。

我意识到，他将从我开始，一个一个地证实老师对于他来说是否安全，从此开始改变他心中对于“老师”的看法。我坚信，这场冲突能使我们双方获得很多。

他使劲地打着我，我蹲下来，平静地看着他的脸，重复着那句话：“不可以进到布柜子里去。”我每说一遍，他就更加剧烈地尖叫，更加剧烈地狂打。

我觉得已经差不多了，就坐下来，拉着他的手。他也一屁股坐在地上，开始用脚踢我的胳膊，眼睛里那种仇恨焦虑的光都快要把我烧着了。让我庆幸的是，我早已“修炼”出了面对这种目光的定力，能够平静而微笑着面对他了，而且还能轻声地说：“你踢疼我了。”

明明听说踢疼了我，有几次挣脱一只手，试图逃走。我拉着他的一只手，他的背对着我，用另一只手向远处爬着。他的脸上，泪水、汗水和鼻涕混在一起，而我都无法为他擦掉这些了，因为我的任何一个超出我抓着他手的动作都会被他理解为攻击行为，会引来他对我的仇恨。如果我让他逃走了，他将不知道这次冲突的最终结果将以我们之间的和好及美丽的友情结束，也不知道一个成人和一个孩子发生冲突的时候应该这样面对面地解决问题，他内心会留下一个由于未完成而造成的判断：老师仍然是可怕的。

他在我的面前拼命挣扎着。

在这种时候，每一次，我几乎都会怀疑自己做得对不对。

他不断地用脚踢我，踢得特别的狠。那时是夏天，我穿着短袖，胳膊被他踢得青一块紫一块的。后来实在疼得受不了了，我就把他的腿夹在我的两腿中间，仍对他说："你踢疼我了，你不能踢我。"

他无动于衷，还在骂："臭老师！我讨厌你！"

这通折腾……他满头大汗，我满头大汗。

我坚持着。

这种重复的挣扎使明明发现，事情并不会因为他不断地挣扎而如他所愿，也不会因为他不断地挣扎而变得更糟。渐渐地，他便松懈下来，由纯粹的发脾气变成了哭诉——前者是情绪，后者是情感；前者是破坏性的，后者是建设性的。

我开始考虑是否松开他。如果松开，最成功的结果应该是在我松开之后他不会跑开。如果跑开了，也就白做了，必须再找机会重来。

但是，什么时候应该松开呢？太早太晚都不能达到预期效果。这时就要跟着感觉走了。而我的感觉，是时候了。于是，我便松开了那只抓他的手。

明明没有跑，只向远处挪了两下，趴在地板上，撅着屁股，大哭起来。他的哭声不再尖锐，也没了刚才的那种愤怒，而是真正的忧伤……

我感觉到，现在已到了能够跟他共情的时候了。

这时我是不能离开的。如果离开了，在他心目中就会成为一个敌人。之后，他就会在任何时候，找到任何的机会便向我报复。因为对我的恨，会使他在幼儿园里失去了一个知己，失去了一个可能成为朋友的人，失去一个能够帮助他进行修复以及精神重建的人。

我挪到他对面，低下头，看着他哭。

他哭啊哭啊，一会儿趴在地上，一会儿又坐起来；坐一会儿又趴下，趴一会儿又坐起。在他这样哭的时候，眼睛一直是闭着的。我敢肯定，孩子虽然闭着眼睛，但他仍然能够感觉到我是坐在他的身边的。有时，你什么也没有说，孩子们哭完了，就会把你当成了知己。这就是情感支持的结果。

明明一边哭，一边突然抬起头来，很快地看了我一眼。我立刻挨近他的脸，温和而同情地说：我可以给你擦擦汗吗？

他似乎很吃惊，哭声戛然而止。

停了大约一两秒钟，他才反应过来，再一次趴在地上哭起来，哭了几声又抬头看我。

我说："明明，老师可不可以给你擦擦汗？"

他没有回答，只是在哭。

我站起身，拿了一条毛巾，在上面洒上热水。因为是在夏天，如果用热毛巾擦脸，那感觉一定很舒服的。

他哭出一身的汗，我拿着洒过热水的毛巾，擦了他的脸，并将头和后背全部轻轻地擦了一遍。在我做这些的时候，他没有拒绝。

我再一次问："明明，老师可以抱抱你吗？"

他没吭声。

我轻轻抱起他，把他抱在怀里。在我抱起他的第一个瞬间，那个小身子，便软软地贴在了我的身上。

如果孩子拒绝你，你抱时他的身体是僵硬的；反之，他的身体是柔软的，每一寸肌肤都会贴在你的身上。

我抱着明明，尽量让我的身体放松再放松，以便传导更多的爱给他。他在我的怀里待了很久。我低下头，用我的脸颊轻轻地挨着他的额头，静静端详这个四岁多的小男孩，觉得他在我的怀中，竟像个熟睡的婴儿那样平静安详。

我体会到了一种感觉，那种感觉叫作——幸福。现在，他身体软软地靠在了我的身上，说明他已接纳我了。与此同时，我也感受到了这个小身体传导过来的友情和爱。刚才付出的能量，由于这种爱，全部得到了补偿。

就是说，我与他之间，在心灵深处已经达成了一种默契，就像月亮与星星之间达成的默契那样。

我们就这样相互依偎着，直到明明在我怀中动了一下。

他举起指头，向远处指着。我顺他所指的方向一看，发现娜娜正站着尿尿。娜娜是个女孩，那时才一岁九个月大，不知道上卫生间，也不知道应该蹲着尿尿，经常是，站得笔直，“哗”的一声，尿就下来了。

明明发现娜娜站着尿尿，指给我看。

我没有动，而是把他搂得更紧。因为直觉告诉我，在这个时刻，我不能像某些成人那样发现小孩尿裤子了，就把正在安慰的大孩子放到一边过去收拾。要是这时我离开了，明明就会受到伤害，他所经历的痛苦就白经历了，我的心血也白费了。

就在我俩观看娜娜尿尿这段时间里，明明显得特别的乖。我感觉到，他身体里面那个魔鬼突然飞出了体外，使得他脸上第一次显现出焕发着人性之光的祥和，如同满月一般。而且，也几乎是突然之间，他也想到了关爱他人……

就这样，我们一直看着娜娜把尿尿完。我才说：明明，老师可以去给妹妹收拾一下尿吗？

他点点头。

我在他额头上亲吻了一下，说：“谢谢。”

娜娜站在尿里，裤脚也泡在尿里，脚边是黄黄的一摊。我收拾尿的时候，故意装出很狼狈的样子，明明忍不住笑了一下。他大概觉得这时笑有些不合时宜，就很不好意思地在地上打了个滚，爬起来离开。

到这时，我认为我与明明之间已不是默契的问题了，而是——由于我捕捉到了这个难得的教机，就像喊了声“芝麻开门”，他那扇心灵之门便应声而开了。

刚擦完尿，电话铃响了，我过去接。明明平静地走过来，靠在我的身边，抬起脸来看着我，一直到我接完了电话。

之后，他拉着我的手，领我去看他的一个东西（忘了是什么）。之后，又让我看他的工作（其实那不算工作）。在这一天里，不管他做什么事，都要让我看。这就是说，我真的成为了他的知己。

这个知己，一直保持到现在。无论什么时候，无论明明在干什么，如果我站在他的身边，他一抬头，看见是我，都会欣喜地尖叫，扔下手头的事情扑上来亲吻我。

我们抓住一切机会调整明明。使他一步步走向正常。但是，往往是进一步退两步。他的反复性太厉害了。有时候，我们真有一种再也坚持不下去了的感觉。

我看到的第一道曙光，就是明明对自己的暴力倾向开始自我抑制，是在去年七月。那天幼儿园上的课是“抢救武老师”，就是让孩子们知道，当我们生活中出现危急情况时应该怎么办。

武老师扮演得了急病的人，所有的孩子都参与抢救。在抢救中，老师们不断地给他们提出各种各样的难题。

彭老师说：“这个病很急，也很严重，我们怎么办？”

孩子们说：“动手术。”

“谁来当医生？”彭老师问。

一番争先恐后之后，雪叶和明明当了主刀医生。

武老师被“抬”上了手术台，她大叫：“哎呀，我上不来气了！”

于是，大家赶快解决这个“上不来气”的问题——有的按着她的肚子，有的给她做人工呼吸，有的给她输氧气，有的给她打针……

问题刚刚解决，武老师又喊：“妈妈呀，我好饿啊！快要饿死了！我想吃东西！”

于是，孩子们全体出动去找吃的。五花八门的食物找来了，有用教具充当的，有用玩具充当的。雪叶说这些东西不能吃，便跑到玩具区找到一只彩色塑料鸡，拿鸡时玉儿老师还不给，说这里的鸡不能随便拿，要用钱买，于是他又去找“钱”，找来“钱”后，再从玉儿老师手中“买”过来……总之，他为得到这只“鸡”，经历了一个相当困难的过程，所以显得尤其珍贵。

雪叶把“鸡”放到一个碟子里，端到武老师面前。因为他和明明都是主刀医生，所以雪叶在病人这一边，明明在另一边。

雪叶把“鸡”递到武老师嘴边，说：“看，鸡，你吃。”

明明大声说：“不行，开刀了不能吃鸡！”

雪叶说：“能吃！”

明明说：“不能吃！我爷爷开刀时就不能吃肉！”

两个“医生”，在手术台边，隔着病人开始吵架，一个说能吃，一个说不能。病人无奈，只好抬起头来，跟他俩讲：“做手术时，医生不可以吵架。”

雪叶好不容易找来那只鸡，觉得非常得意。他正想借此表达一下自己的爱心，而这种表达竟被明明坚决地否定了，他非常恼火。

他“啊”的一声尖叫。尖叫声使明明激动起来，用指尖在雪叶伸过来的脑门上面推了一下。雪叶便绕过病人的脚，跑到明明的那边，先是举起鸡，朝着对方砸了过去，之后又一头撞向他的肚子。

老师们急坏了，都跑过去。我立即用手指向大家发出一个“停止”的示意，因为这时，出现了一个奇迹……

要论打架，两个雪叶也不是明明的对手。明明又高又壮，动作又猛，还没有知道轻重的经验，他只要使出一半的力量就能把雪叶打倒在地。而这种行为，对于明明来说太平常了。

我说的奇迹，是在老师们都担心着雪叶定会遭到拳打脚踢的时候，明明却没有动手，而是将手和两臂平伸开来，就像飞翔的鸟那样。雪叶砸鸡的时候，他没有动；雪叶将头撞向他的肚子的时候，他依然没动；无论雪叶怎么厮打，明明都站着不动。

我想即便一个成人，遇到这种情形，也会忍不住动手的。可四岁多的明明，却在努力控制着自己。而且，为了能使控制有效，自始至终平伸着两条用来反击的胳膊。

这是明明有史以来第一次有意识控制自己，也是第一次控制住了自己。

在我的经验之中，每一个被调整的孩子，不管他是孤独症、多动症，还是学习障碍、品行障碍等等，我发现，每次到了觉得没有希望、没有曙光、开始怀疑自己的能力的时候，只要你咬紧牙关说再坚持一下，一定会见到曙光。

正视分离

分离始终要来临，陪园结束后，这是最难面对的一个难关。在家长陪伴的几天里，孩子已经对幼儿园消除了陌生感，不再认为家长会把他抛弃到一个陌生的地方自己离开。但是，无论陪多长时间，在家人离开的时候，孩子仍然会感到痛苦。孩子入园期有两部分恐惧源：陌生恐惧和分离恐惧。陌生恐惧可以利用陪园解决，接下来需要解决的是离别恐惧。

1. 怀着良好的心态坚决果断地与孩子分离

结束陪园的那一天，要事先和孩子说好："今天妈妈要离开，放学后会再来接你。"到了幼儿园，与老师事先暗暗地做好准备，在孩子没有抓住妈妈的衣领或头发之前，将他快速地放到老师怀里，然后微笑着与他说再见，马上离开。接下来的事，交给老师处理。这样几天过后，孩子就会发现妈妈离开后并没有什么危险，也就不会感到严重的恐惧。

在离别时切忌与孩子缠绵。实际上这种缠绵都是家长不信任孩子能够承受离别的表现，更多的情况是家长自己不舍得离开孩子，跟孩子说很多的话，讲很多要离开的道理，不断地重复与孩子拥抱。这一过程使孩子酝酿了过多的离别悲伤，成人的行为又暗示了离别是一件艰难的事情，孩子就会朝着家长暗示的方向，将这一过程变得异常艰难起来。

2. 做好"分离适应期"孩子的身心护理

在分离期，孩子要独自一人面对幼儿园，心灵多少都会受到一些创伤。如果家长处理得当，孩子会很快地抚平伤痛，变得快乐起来。因此，在分离期家长要对孩子的心灵做精心护理，可以从下面几个方面着手进行——

不要因为担心孩子会在分离的时候哭，就事先一遍一遍地提醒孩子别哭，只是和他说：“妈妈一定会来接的。”最好的办法是什么也不说，上学的路上和孩子说说笑笑，讲一个小故事，分散孩子的注意力，到幼儿园后，把孩子交给老师后果断地离开。

如果孩子在分别的时候，抓住了家长的头发或衣领，不要让老师抱住孩子的身体强行抢夺，这样做给孩子造成的恐惧要比离别还严重。如果孩子抓住了家长的衣服或头发，家长可以将孩子抱在怀里轻轻抚摸着，慢慢将他的手从头发和衣领处拉下来，然后尽快地将孩子交给老师。

如果孩子一直不放手，可以让孩子站在地上，家长蹲下来，两手扶着孩子的腋下，平静地对孩子说：“请放开。”如果孩子还是不肯，妈妈可以轻轻掰开孩子的大拇指，这样孩子的手就会松开，然后立刻将孩子交给老师，快乐地和孩子道声再见。

如果孩子躺在地上打滚，就让老师蹲在孩子的身边，防止他爬起来再次扑到妈妈怀里。妈妈让孩子看到自己快乐的面容，然后再见，尽快离开。

家长如果能在分离期做到每天都能果断、愉快地离开，孩子就不会由于分离而产生心理问题。

【第十一章】
孩子性教育的关键期

三岁的孩子进入了身体感受期，也进入了性心理发展的第一个高峰期（3~6岁为孩子性心理发展的第一个高峰期，青春期为性心理发展的第二个时期）。

一般家长一看到孩子对异性产生兴趣就心情复杂。认为孩子们在幼年阶段还不能分辨男女，到孩子五岁时，扬言要和某某结婚，并想看看别人藏在裤子里的器官是否与自己一样时，家长大都会想到教育的时机到了，但是该怎样进行这方面的教育呢？

第一节 一骗二堵三训斥产生的问题

我国长期关注孩子性教育的胡萍老师在书中提到，孩子在与父母的朝夕相处中，发现了自己和爸爸妈妈的身体不一样，妈妈和爸爸的身体也不一样。通过比较，他们发现妈妈的胸部比爸爸的大，自己的小鸡鸡没有爸爸的大，妈妈没有小鸡鸡……在幼儿园的卫生间，孩子会发现男孩可以站着小便，女孩却要蹲着小便，男孩小便时还会在女孩面前露出得意的神情，于是孩子开始向父母提出问题："妈妈的胸部为什么比爸爸的大？""男孩为什么有小鸡鸡？女孩为什么没有小鸡鸡？""男孩为什么可以站着小便，我为什么不能？""我是女的，为什么我的胸部没有妈妈的大？"

如何回答孩子的敏感问题

面对孩子这些涉及到性别教育的问题，很多父母采取了不科学的方法，即欺骗、回避和训斥，父母们没有意识到以这些方式对待孩子的性别教育会产生严重的后果。

以下摘自胡萍老师的《善解童贞》：

当父母对孩子的这些问题不知所措的时候，就采取了欺骗孩子的方式："女孩的小鸡鸡掉了（或飞了），所以变成了女孩。"当女孩得到这个答案时，她便从父母的话中得到了这样的信息：我原来是有小鸡鸡的，现在没有了。于是女孩得出结论：我的身体有问题，我是不健康的。由此女孩除了会对自己的性别产生不认同外，还会担心自己的身体存在健康方面的问题，形成"做女孩不好"的自卑心理。

如果这种心理在成长的过程中不断被强化，当孩子到一定年龄后就可能出现以下一些情况：要求改变自己的性别，做变性手术；在心理上希望自己成为男性，他们模仿男性的语言、行为、服饰等，在心理上以男性自居，可能发展为同性恋，在自卑与自责中度过一生。

当男孩知道女孩是因为小鸡鸡掉了变成女孩的时候，他从父母的话中获得了这样的信息：女孩因为身体不健康，小鸡鸡没了，变成了女孩，于是男孩得出结论：女孩比我们差，他们身体有病。男孩由此生出莫名的优越感，并对女孩产生歧视和不尊重。

一个六岁的男孩问我："你知道女孩为什么没有小鸡鸡吗?"我说你知道为什么吗？男孩得意地告诉我："女孩爱哭，妈妈就把她们抱着坐在妈妈腿上，小鸡鸡就被坐回到肚子里去了，她们永远也长不出小鸡鸡了，谁叫她们爱哭呢?"男孩的神情里充满了对女孩的不屑。

当男孩认为女孩的小鸡鸡因为某种原因不在了时，他们就会想象出各种各样的原因来解释女孩为什么小鸡鸡会没有了，在这样那样的解释中都充斥着对女孩的歧视感。

有的时候，孩子会自己讨论关于小鸡鸡的问题。在幼儿园的卫生间里（幼儿园的卫生间是男女共用），我看到过这样一个情景：一个四岁多的女孩小便后，没有马上穿上裤子，而是走到一个年龄相近的男生面前，将自己的生殖器官尽量暴露，对男生说："你看，你来看嘛，我的小鸡鸡在里面，还没有长出来，等我长大了就和你一样了。"男孩却对她不屑一顾："你们女的本来就有病，小鸡鸡早就掉了，长不出来了，你不可能和我一样!"说完扬长而去，留下了万分沮丧的女孩。

这个女孩可能一直认为自己是有小鸡鸡的，以后会和男生一样很自豪地站着小便，没有想到男孩给了她致命一击。"我的身体有什么病呢，我是不健康的！男孩才是健康的!"这次讨论的结果把这样的阴影留在了女孩的心里。

胡萍老师在进行孩子性健康教育研究期间，一个九岁多的女孩在听了她的课以后，给她写了一封信，信是这样写的："我以前一直认为我有很严重的病，所以我的小鸡鸡掉了，我才和男孩不一样，现在我知道我是健康的，我本来就没有小鸡鸡，本来就和男孩不一样！”这封信让她想到了那个幼儿园的小女孩。不知道她是否也得到了父母或老师或其他成年人的帮助，走出了阴影，快乐地成长。

一些父母对孩子关于性别的问题采取回避的态度，当孩子对“妈妈的胸部为什么比爸爸的大”这类问题感兴趣的时候，父母用极不自然的面带尴尬的神情回避了孩子的问题，有的父母还会一边对孩子说“羞，羞”，一边用手指在脸上比划，甚至不允许孩子再提出这样的问题。孩子从父母的表情、语言和动作中获得的信息是“了解这个部位是羞耻的”。父母越是回避，孩子就越感到好奇，同时感到探索身体的这些部位是羞耻的。这样，父母不但没有帮助孩子解决问题，还不断强化了孩子对乳房、生殖器部位的羞耻感，孩子长大后，可能会对“性”产生羞耻感和压抑感，在将来的夫妻性生活中表现出来，使夫妻的性生活产生不和谐，影响家庭的幸福。

与其谈性色变，不如坦然应答

还有的父母受中国旧的文化影响，“谈性色变”，对孩子关于性别的问题采取训斥的方式。孩子不知道父母为什么这样，因为他们认为这些问题就像他们问父母的其他问题一样，比如：“为什么你的鼻子比我的大?”“为什么天上有星星?”于是孩子从父母那里得到的信息是：我不能提出这样的问题，这是下流的行为，身体的这些部位是下流、肮脏的。如果在孩子期形成了这样的概念，青春期后随着女孩月经、男孩遗精的来临，都会使孩子对正常的生理现象产生厌恶的心理，这会影响孩子性心理的发展和将来的家庭生活。

在一所全日制寄宿学校里，一个十岁的女孩来月经后，没有打电话告诉妈妈，也没有告诉管理日常生活的老师，也不知道要使用卫生巾。只好动用了所有的裤子，换了一条又一条，两天过去了，没有裤子可换，第三天起床后，老师发现床上有血迹，以为她流鼻血，带她到医务室找医生，她也没有告诉医生她来月经的事。后来老师在她的衣柜里发现了弄脏的裤子，才明白过来是怎么回事。

当我问孩子为什么不告诉妈妈或老师以得到她们的帮助时，孩子告诉我："我这几天觉得我很脏，我不愿意让别人知道，不愿意告诉妈妈和老师，不想见到同学，我也不想到教室上课，因为我太脏了。"

成年人认为不告诉孩子事情的真相，孩子就什么也不知道了，阻止孩子对乳房的了解，孩子就不知道乳房了，这样孩子就保持了"纯洁"，其实不然。他们通过各种途径比如与父亲或母亲一起洗澡、看父母换衣服等，了解到了男女身体的不同。

在对 6～7 岁孩子的研究中，我们发现一些孩子对男性和女性身体的区别非常了解。他们用画画的方式，将女性的乳房，甚至乳头，女性生殖器、男性生殖器，甚至细致到龟头的结构都表达得非常清楚。一个六岁的女孩用蓝色表达女性的乳房，细致到对乳头的表达，我问她为什么是蓝色，她说是妈妈的乳罩。

父母自然、平静、科学地回答孩子对性别的问题，使孩子从父母的神情、语言和态度中感受到这些问题和他的其他问题一样，都可以和爸爸妈妈一起来讨论，这样可以搭建父母与孩子进行有关"性"的问题交流的平台，等到孩子青春期到来的时候，父母就能够顺利地与孩子进行青春期话题的交流了。

一位老师在给孩子们上绘画欣赏课时，遇到了一些问题，请看看这位老师是如何处理的；

课上，我给他们欣赏高庚在塔希提岛上画的画，画面上有一个端着盘子的土著女人，孩子们立刻大叫："老师，这是'黄色'的！这个女人没有穿衣服，露着奶糕糕！"

我放下画，与他们一起讨论这个问题："画上的女人是不是心灵特别丑恶？大家注意看她的面部，她是不是故意露出上身让别人看？"

孩子说："不是。"

我问："为什么？"

孩子们说："因为她脸上的表情跟穿着衣服一样。"

"那，她是丑的还是美的？"

我说："你们看，这一盘红红的樱桃，像红色的宝石；我们再看奶糕糕上面的红点点，简直就跟樱桃一样，要是吃奶的娃娃看见这样的红点点会有什么样的感觉？你们现在觉得奶糕糕上面的红点点美不美？"

孩子们说："美。"

"那么这个女人是黄色的吗？"

大部分孩子说不是，有几个仍然说是。

讨论完之后再把话题引回来，我说："这个女人为什么不穿衣服而要露出奶糕糕呢？那是因为这个地方非常热，人们不穿衣服也能生存，所以就没有养成穿衣服的习惯，那里的任何人见了女人的奶糕糕就像我看见你们的脸一样。我看见你的脸会不会说：'呀，你为什么不把脸捂起来呢？'，我会这样喊吗？"

孩子说："不会。"

我说："为什么我们这里的女人一旦露出上身大家就要吃惊呢？那是因为气候，不穿衣服冷得慌，只好穿上衣服，穿久了有些地方就再也不能露出来了，一旦露出来就害臊得不得了，而别人呢，一看见这个女人，眼睛就像电灯泡，不是看见这个女人，而是看见了奶糕糕！”

所有的孩子都笑得要命。

我说：“奶糕糕是不是人长的？”

他们说：“是。”

我说：“是什么人长的？”

“女人长的。”

“女人为什么要长奶糕糕？”

“要生娃娃。”这就又扯到应该让女人生娃娃，还是让男人生娃娃的话题。

我问孩子：“为什么偏偏要让女人生娃娃而不让男人生娃娃呢？”孩子们说：“因为女人勤劳。”

我哭笑不得，说：“生娃娃是一件非常痛苦的事情，这么痛苦的事情为什么非要让勤劳的人去承担呢？”

他们说：“老师，不是这样，因为娃娃都爱他们的妈妈，所以就让勤劳的人生了娃娃，再让娃娃爱她们。”

有一个孩子站起来，说：“老师，我最爱我的爸爸！我是我爸爸生的。”

另一个孩子马上反驳：“爸爸不能生娃娃！”

“为什么爸爸不能生娃娃呢？”我问。

他们说：“不好意思说。”

我说：“有什么不好意思说呢？”

有个孩子走到我跟前，悄悄说：“老师，男人长的是鸡鸡！所以不能生。”

我拼命忍住笑，说："鸡鸡是不是人长的？"

他说："是。"

"是不是所有的男人都长着？"

他说："是。"

我问全班："是不是长了鸡鸡都应该感到害臊呢？"

他们说："不露出来就不害臊。"

我说："假如当初所有的男人都不穿衣服，都把鸡鸡露出来，早已成为人类的一种习惯，现在我们会不会害臊？"孩子们脸上表情很复杂，他们将自己作为这样的角色体验着那种情景，大多数露出不好意思的笑容。

我说："现在，不露出来已经成了人类文明的象征，我们现在认为露出来是粗鲁的行为。但是，人的身体也是一种科学，如果作为科学来了解它用不用害臊？"

孩子说："不用。"

接着，我又将主题引回到为什么要让女人生娃娃上面，也就是生育的过程。

我说："妈妈怀你的时候，天天都要呕吐，难受得不得了，就像把肠子都要吐出来似的。随着你在肚子里一天天长大，妈妈的肚皮也被撑得一天比一天薄。你们有时候多吃一口饭都很难受，可妈妈肚子里装着一个娃娃！这个娃娃足有好几斤重！你们谁能吃下几斤重的饭呢？到了生的时候，那个娃娃最小也得五斤六斤，大的要到七斤八斤。妈妈天天就挺着这么个肚子走路，上楼下楼，睡觉压得上不来气，吃饭只吃一点点。这些还算小事，到了生的时候，肚子痛得死去活来。"

我问："你们想象一下，把烙铁烧红放在身上烫与生娃娃相比哪一个更痛?”

孩子说:“是火烫更痛。”

我说:“错!有人证明出来了,生娃娃更痛。他把人类所有的疼痛排上队,刀割、火烫、生娃娃,所有的疼痛中,生娃娃排在第一。”

听了这个,所有的孩子都特别吃惊。

我说:“妈妈为了让自己的娃娃在出生时不致受到伤害,再痛也不会晕过去,妈妈生你的时候遭受的那种剧痛从头到尾她都知道。”我讲了我生娃娃时的体验,那些孩子,全部静悄悄地听着,一点儿声音都没有……

突然,有个孩子举起手来,说:“老师,我有个办法。”

我说:“请讲。”

他说:“想办法让娃娃只有针尖那么小,生的时候,给妈妈肚皮上戳个针眼,娃娃就会从针眼里掉出来,再到外面长大。”

我说:“好办法,但是人类已经进化成这样了,娃娃在妈妈的肚子里必须要长那么大,必须十月怀胎娃娃才能长成。”……孩子想了好多办法,为怎么让妈妈生娃娃时不那么痛苦。

课上到这个份儿上,就算达到了目的,这个目的,就是对母亲的同情,重新去认识母亲,把对母亲的情感提到一个全新的高度,再推己及人。把一个只能关注主观意识的心灵引向体验客观感受的层面。让他们学会爱,爱别人。在他们心中竖起一座伟大情感的小里程碑。

从这个案例中我们可以看到,如果这位老师没有恰到好处地引导孩子,孩子就不仅不能够正确地认识名画的魅力,还会回避关于性的问题,甚至会产生羞耻感,这会影响他们的成长,并在青春期时出现问题。

第二节　在性别教育中如何帮助孩子

在孩子时期，父母对孩子进行性别教育的原则是：正面地回答孩子提出的每一个问题，无论你觉得多么尴尬，你的表情都要显得自然；孩子问什么，你就答什么，回答的内容不要超出孩子提出的问题；不清楚的问题与孩子一起看书讨论；对不同年龄段的孩子，方法和度是不同的。

如果一个女孩问妈妈："为什么男孩有小鸡鸡而我没有？"妈妈应该清楚地告诉孩子："女孩是没有小鸡鸡的，男孩是有小鸡鸡的，这就是男孩和女孩的区别。"

孩子的性别教育应该从这几个方面来进行：第一，认识男女的不同；第二，学习尊重别人的隐私，保护自己的隐私；第三，学习卫生知识；第四，保护自己的身体。

培养孩子的性别意识

1. 认识成年人的身体

两岁半到三岁左右的孩子在发现男人和女人的身体有不同的地

方后，会反复观察和比较男人和女人的身体，这个时期，父母可以应孩子的要求，坦然允许孩子对在浴室里洗澡的成年人进行观察，而且不要对他的这一行为进行干涉、调侃或耻笑。如果孩子的这一行为没有得到满足，他会寻找父母换衣服或睡觉的时机故意闯入，以了解成年人的身体。这样会让孩子认为了解身体是不能光明正大地进行的，只能偷偷摸摸。

2. 认识妈妈的乳房

当孩子指着妈妈的胸部问“这是什么”的时候，妈妈要坦然而认真地与儿子进行交流。一位母亲在她四岁的儿子提出这样的问题时，与儿子是这样进行交流的：

儿子：“妈妈，你这里为什么比爸爸的大？这是什么呀？”

妈妈心里一惊：他怎么提出这样的问题啊？但镇定自如，微笑着对儿子说：“这是乳房。”

儿子：“乳房是用来做什么的？”

妈妈：“乳房里装的是妈妈的奶，就像你小时候喝牛奶的奶瓶一样，你刚生下来的时候没有牙齿，不能吃饭，只有喝妈妈的奶呀。”

儿子：“爸爸怎么没有乳房呢？”

妈妈：“因为爸爸不用喂宝宝奶呀，有妈妈喂奶就可以了。”

儿子：“我小的时候吃你的奶吗？”

妈妈：“当然吃了，不然你怎么这样健康聪明呢！”

儿子：“现在还有奶吗？我想看一看里面还有没有奶。”

妈妈："早就没有了，被你小时候吃完了。"

儿子："我想看看嘛！"

妈妈："好吧。"

儿子天真好奇地看了母亲的胸部，用手摸了摸，之后，不再对母亲的乳房好奇了。

如果孩子想了解妈妈的乳房，却又被妈妈反复拒绝，孩子就会对母亲乳房越来越好奇，一个男孩就因为这样，十岁了还经常趁妈妈不注意就摸妈妈的乳房，晚上睡觉的时候也要摸一下妈妈的乳房才肯睡。

妈妈在这个过程中没有对孩子解释乳房的作用，不告诉孩子这是妈妈身体的隐私，不教育孩子要尊重每个人的隐私。每次孩子趁她不注意摸乳房的时候，她还是和从前的态度一样，骂孩子："羞死了！"然后把孩子的手推开。随着孩子年龄的增加，在每一次摸妈妈乳房的时候，可能会给他带来"性的感觉"，这种感觉或许会带到青春期，影响性心理的发展。

对十岁的男孩的这种问题，妈妈就不能像对待四岁的儿子那样让儿子认识乳房，对十岁的孩子来说，除了告诉他乳房的作用外，还要告诉他什么是隐私、什么是尊重，这就是不同的年龄，方法和度的把握不一样。

3. 认识男女的生殖器官，学会卫生常识

在幼儿时期，孩子除了发现女人有乳房而男人没有这一区别外，他们还发现了男人和女人小便的地方是不一样的。如果孩子指着这个部位问"这是什么"时，父母不必紧张脸红，像回答孩子"这是

耳朵”一样，平静地告诉孩子：“这是生殖器官。”如果孩子不再追问，说明他只想知道这个部位的名称，父母就不必再解释了。如果孩子继续追问：“是干什么用的?”这个时候，父母可以明确地告诉孩子：“长大了以后做爸爸妈妈时生孩子用的。”

对于7～10岁左右的孩子，我们可以用孩子性健康教育卡通漫画的读本，告诉孩子男女生殖器官的大致结构。

在讲解女孩生殖器官结构时，可以这样讲给孩子（利用卡通漫画图）：“这是尿道口，是女孩小便的地方，这是生命的出口（可以先不用‘阴道口’这个提法），是女孩长大后生孩子的，是非常重要的，所以有两层保护它们的组织——小阴唇和大阴唇。肛门是解大便的，它不是生殖器官，但它离生殖器官很近，如果大便后擦拭的方法不对，就会把大便里的致病菌带到尿道口和生命口，引起疾病，正确的擦拭方法是从前往后（侧面）擦拭，不可以从后往前擦拭，洗屁股的时候要先洗尿道口和生命口处，后洗肛门，最好是采取淋浴的方法。”

讲解男孩的生殖器官时，告诉孩子器官结构的正确名称：阴茎、龟头、尿道口、包皮、睾丸，有包皮的孩子容易形成包皮垢，不清洗干净容易引起炎症，比如龟头发红、发痒，小便时疼痛等，所以要经常将包皮完全翻起来，将包皮垢洗干净。如果包皮太紧，不能将包皮完全翻起，更容易引起疾病，应该到医院接受医生的治疗。

孩子在了解器官结构的同时，更了解了如何保持器官的健康，曾经有一个七岁的孩子，因为包皮太紧，反复感染，在他五岁时医生建议手术治疗，孩子怕疼，坚决不到医院。男孩在学习了生理卫生知识后，主动向妈妈提出到医院接受手术治疗，同时还问他的爸爸包皮有没有问题，如果爸爸的包皮有问题，就和他一起到医院做手术。

父母对男孩要特别强调对男孩睾丸的保护，因为睾丸分泌的男性激素能使男孩成长为一个男子汉，睾丸产生的精子使男人能够做父亲。

男孩出生以后，两个睾丸在三个月前应该降到阴囊，如果在三岁以前发现睾丸没有降到阴囊（通常是一侧正常，一侧没有下降），应该立即到医院进行检查和治疗，治疗的方式是将一侧没有降下来的睾丸通过手术降到阴囊，这样睾丸的功能损伤不大。如果八岁以后才发现并进行手术，睾丸的功能可能受损80％以上。孩子在平常的体育活动、玩耍打闹中，不可以故意伤害男孩的生殖器官，并且要注意保护好自己的生殖器官。

当以科学的态度和方法与孩子讨论性别的问题时，孩子就会以科学的态度对待性别的问题，对待自己身体出现的问题。

帮助孩子学习保护自己的隐私

在对孩子进行性别教育的过程中，父母要在适当的时候开始帮助孩子了解自己身体的隐私，在孩子5～6岁的时候，父母可以以画图的方式，让孩子用红色笔将男女身体不可以让他人随便看和随便摸的部位标记出来，与孩子一起讨论身体的隐私部位，对孩子说明自己身体的隐私部位是不可以随便让别人看和摸的，也不可以随便看和摸他人的隐私部位，要尊重他人的隐私，不可以在大庭广众之下谈论隐私。

一个女孩刚进入小学一年级学习，被同班的一个男孩追到卫生间，一定要将女孩的裤子脱下，看一看女孩的“尿尿处”和他自己的有什么不同。女孩被吓得大哭，感觉非常屈辱。如果父母或老师简单地将孩子的行为解释为“学坏了，要流氓”，而进行相应的惩罚，可能会造成孩子另外的问题，因为孩子仅仅就是想了解一下自己与女孩有什么不同，但他不懂得尊重他人，尊重他人的隐私。对于这个孩子，父母和老师可以与孩子一起讨论男女生殖器官的不同，并告诉孩子男人和女人的身体隐私部位是不可以随便看和摸的，这是不尊重他人的行为。这样就帮助孩子建立了尊重他人隐私的概念。

孩子只有对身体的隐私部位有了了解，才能建立自我保护的意识。有对6~8岁的孩子的调查显示，一些对身体隐私部位了解得比较清楚的孩子，能够准确地将女性胸部、阴部和男性的阴部标记出来，另一些孩子只标记了男女的阴部，没有标记女性胸部，而对身体隐私部位一点都不了解的孩子，将眼睛、手、脚都当成隐私部位标记了出来。

父母在帮助孩子建立自我保护能力时有几个误区：

第一，很多父母认为只有女孩才会受到性侵害，对女孩较早地开始进行保护身体隐私的教育，绝大多数男孩的父母还没有意识到这个问题，所以，现在男孩被性侵害的比例日渐上升；

第二，很多父母认为陌生人才会对孩子进行性侵害，所以对孩子进行防范陌生人的教育。其实，在遭受性侵害的孩子中，80%以上的孩子是被自己的亲戚、父母的朋友、老师甚至亲生父母伤害的。在对孩子性侵害事件的调查中发现，对孩子进行性侵害的往往是孩子熟悉和尊重的人，孩子对这些人往往缺乏防范的意识；

第三，父母对受到性伤害的孩子采取训斥打骂的态度，使孩子因不敢将事情的真相告诉父母而被罪犯多次伤害。父母应该明白，这不是孩子的错，没有自我保护能力的孩子在事件中已经受到了极大的伤害，如果再失去父母的爱和帮助，孩子更没有能力走出伤害的阴影，重建自尊与自信。

【第十二章】

孩子发现自我的探索期

随着经验的积累，孩子到了三岁，对事物的感觉以及对这种感觉的理解都变得更加敏锐，动作行为的精确度大为增加，对语言的应用也基本达到了得心应手的状态。这时孩子的独立性大大提高了，对世界的探索开始从纯物质领域走向精神领域，从而发现了“我”。

“我”的发现使孩子开始区分“我”与“他人”，明确“人”与“人”、“物”与“人”、“物”的归属权等内涵。

第一节　让孩子做情绪的主人

三岁的孩子表现出的情绪状态异常丰富，会经常用假哭酝酿情绪，用过度活跃的行为来表达自己。这一时期，孩子的想象力开始成长，他们所能想象的情景通常比实际经历要可怕得多。在我们成人看来显然是虚假的一些事物，或者只是口头上说一说的东西，在三岁的孩子看来都是真实存在的。有时，只是成人无法理解孩子为什么情绪变化那么大。

孩子的情绪变化往往事出有因

比如说恐慌，这一年龄的孩子比起两岁的时候，能引发他们恐惧的事物变得多起来。有时候，一些恐惧带来的焦虑是成人无法理解的。

出现在他们头脑中的东西通常远非成人所想象的，噩梦对他们来说就像是真的。真实的事物和他们想象的事物之间界限很不分明，在扮演怪物的时候，孩子会被突然的开门声吓坏，因为他以为刚才故事中的怪物真的来了。

三岁的孩子总是认为只要去想，某些令人害怕的事情就会发生。他们以为每个人都懂得他们偶尔的愤怒和恐惧，但孩子突然出现的愤怒和恐惧会使身边的人感到手足无措。很多时候，孩子能够感受到成人的强大有力和自己的弱小无助。他们发现成人有能力使一些事发生，同时又发现自己面对自己认为不好的事情的时候是非常渺小的。这些都是他们产生不可理解的情绪的原因。

一个三岁的孩子突然变得多动，无法控制自己，并情绪激烈，容易大哭大闹，高兴起来又疯得无法自制，这种表现一般都反映了他们的焦虑和恐惧。他们越是焦虑就越是活跃，越难于控制。以至于注意不到父母和老师对他们的关注。

这种情况下，老师和家长都可能会认为这个孩子过于任性，对抗家长，或把这种行为定义为多动症或反社会倾向。而事实上，孩子只是内心感觉到焦虑，使他无法控制自己。仅仅因为无法控制发展的压力和日常生活的压力，就使有些已入园的孩子有着难以忍受的恐惧。这时很多父母也会感到焦虑和无能为力。

当我们发现孩子在入园后变得烦躁不安，情绪变化多端，或者正好相反，他异常乖巧呆板，这时就需要与老师进行沟通，重新设计对待孩子的态度、讲话方式等等方面的问题。

对于一个三岁的孩子来说，如果环境中存在着一系列的不利因素，譬如老师、家长对他实施太多的直接或间接的支配，使他无法按照自己内在的指引，选择所需要的物质以自己的方式来工作。或者在他工作的时候，不能根据自己需要的时间来决定他是否要结束自己的工作。这样的情景维持一段时间，孩子就会变得躁动不安。

情绪护理——心理健康的孩子更快乐

另外一种糟糕的情形是，他所处的环境中的成人对他漠不关心，缺乏指导和尊重，或对他过度的表扬或批评，缺乏真诚温暖的关怀。或者由于父母的冲突，让孩子夹在中间左右为难，这些都会给孩子的人格造成缺陷。

我们经常在饭后散步时看到这样的情景，一个妈妈领着孩子在散步，孩子指着远处爸爸的身影，问妈妈："爸爸为什么要从那边走?"妈妈会敷衍一下，也许这对夫妻刚刚才吵过架，不愿意在一起走。也许爸爸想到那边去转一转，而妈妈对爸爸的行为感到不满。总之，我们常会看到这种情形下，孩子问了七八遍，妈妈都没有任何答复，连一个表情都没有。这种漠视会使孩子按照对妈妈的印象来理解身边的其他人，认为这个世界是冷漠的，不愿与人沟通的。

有专家曾经做过试验，把两只出生仅三个月的小猴子分别关在两个空屋子里，在其中的一间房子里放一只棉布做的猴妈妈，另外一间房子里什么也没有。可以想象，三个月后把它们重新放进猴群中时，两只猴子在融入集体时都会发生困难。不同的是，那只关在什么也没有的房间里的小猴刚开始时显得紧张不安，但给它介绍了一只小猴朋友之后，这只被隔离的猴子很快就进入群体，不久便能正常生活了。而另外那只有布猴子妈妈相伴的小猴子却产生了严重的心理问题，它仇视其他猴子并攻击它们，一直无法融入集体，成年后，连正常的繁殖活动都不能进行，总是受到猴群的排斥，没有朋友。

如果孩子是在孤独中长大的，身边没有一个亲人，他会按照理想的模式去想象亲人的样子。时间久了，他需要的亲人形象就会留在心中，给他以精神和情感的支持。反之，如果他是有亲人的，但亲人非常冷漠，不关心他，给予的反应不能满足情感需求，孩子就会产生祈求、失望、仇恨等不良情绪，这些情绪会遗留在孩子人格中，形成有缺陷的人格。

孩子利用对情绪的探索，认知周围人对待自己的态度是和蔼可亲的还是漠不关心的，是可以依靠的还是需要远离的。当孩子与我们进行互动的时候，他不仅仅是想说一句话和想要我们帮他做一件事，而是带着某种情感和深层的心理需求，所以成人一定要考虑到孩子深层的情绪护理。

有一天幼儿园在吃中饭，一个三岁的小男孩朝照顾他的老师喊："老师，给我剥一下虾皮。"对小男孩来说，剥虾皮的确有点困难，但他是可以做到的。老师认为他应该练习自己剥，培养做事的能力，于是回头对小男孩说："你自己剥，剥不下来可以连皮吃。"

我们来分析一下故事中孩子的需求和老师的回答造成的结果。小男孩喊老师剥虾，可能是因为刚才剥了一个，费了很长的时间和太大的力气，他喊老师剥虾皮的时候，是希望老师也像妈妈一样，蹲在身边将虾皮剥掉，将干干净净的虾仁放到他的嘴里。这个情景在孩子心中是温情的，会给孩子带来幸福的感觉。所以说我们不妨设想在孩子需要我们帮忙、问我们问题的时候，同时也是想和我们进行情感交流，我们应该先考虑到给予情感护理，再考虑到其他。

如上面剥虾的案例，老师的良苦用心可能会使孩子学会自己剥虾皮。人是不会学不会剥虾皮的，关键是用什么样的方式去学。老师的做法使孩子感到的是无助感和身边成人的冷漠。如果换一种方式，情况就会有很大不同。老师愉快地答应一声，如果正忙着，就告诉孩子："请等待，老师马上过去。"然后再到孩子身边蹲下身去，帮他剥半只虾，微笑着让他把另外半只剥掉。等他把虾仁吃到嘴里后，愉快地告诉他："看，你自己学会了剥虾。"这样孩子有可能更积极主动地练习剥虾，并向老师展示他的成果。这样做孩子同样可以学会剥虾，同时也获得了情感支持，认识到世界上人与人之间是可以互相帮助的，他可以被其他人接纳，将来也会这样对待别人。

三岁的孩子开始无意识地探索人与人之间的情感和情绪边界，所以成人更要耐心细致地处理孩子的情绪，保护孩子的心理健康。

第二节　寻求友谊，孩子建立人际关系的第一步

我们经常看到三岁的孩子主动寻求他人的友谊，并提出一起玩的要求。由于对人群法则和个人疆界还不太了解，他们会经常因为进入别人的领地而被拒绝或排斥，这给他们带来了困扰，尤其是在被自己所信赖的人遣责后，他们会产生愧疚感。

为了探索与他人的关系，孩子会设法侵入未被邀请，或不需要他们的地方，会无休止地提问题，高声尖叫，玩粗暴的游戏，破坏

家庭的和平，因而经常遭受到谴责和拒绝。在与谴责的对比中，他们更明显地发现那些能与他们友好相处并一起玩耍的伙伴，由此更重视那些能和谐相处的小朋友。

下面这段小故事是一位老师的观察笔记，发生在四个小朋友之间，他们的友谊在朝夕相处中一点一滴地成长起来，逐渐变得稳定。

今天我又看到石头、雨儿和小慧在一起工作了。他们在教具室一起玩触觉板。雨儿拿来了教具，石头把盒盖子打开，小慧从盒子里拿出触觉板。石头拿起板子，闭上眼睛，两手的手指从上往下滑动，边滑边说："光滑的，粗糙的，光滑的，粗糙的……"雨儿和小慧也跟着闭上眼睛，一起说："光滑的，粗糙的……"

石头摸完，交给雨儿，雨儿摸完，交给小慧，几个人就这样轮流工作。老师只给小班演示过一次触觉板，当时是用一块布蒙上眼睛给小朋友示范操作的，孩子们竟然在不知不觉中记住了。我的心有种莫名的触动——这三个小人儿能这样默契地工作，而且神态这样专注，完全沉浸在工作当中。

在每次的蒙氏工作中，雨儿、小慧和石头三个人会合作工作一件教具。有时思思也会加入进来，但在大多数情况下思思会去引导她们工作。

不知从什么时候开始，雨儿、思思、小慧和石头从分享零食开始建立了亲密的关系。在几位妈妈举行的家庭聚会和晨间班车上，这几个小不点儿总是很快乐地分享着各自的食物，彼此体会着各自的幸福。

有一次，雨儿把一个蛋黄派分享给石头，石头高兴得都不知道该怎么用语言来表达，一只手拿着蛋黄派，一只手握紧拳头，在院子里来回跳动，脸上洋溢着幸福的笑容。看我过来了，一把拉住我的裙边，兴奋地说："看，雨儿给我分享的。"说完便咯咯笑了起来。看到石头这样幸福，我蹲下身子在他的小手背上亲了一下，并说："石头，你很幸运呀，连雨儿都愿意分享给你好吃的啦！"石头一手捂着嘴，冲我扮了个笑脸，一溜烟地跑开了。

看到孩子们这样自然明确地表达自己的情感，真让我们这些成人感到汗颜。我是在成为了幼儿园老师之后，才花大力气去练习表达的表情（包括身体的和语言的表情），而孩子们似乎天生就有这样一种表达才能。

前一段时间，每次吃饭时，思思和石头总要挨着雨儿坐下，要是石头来迟了，发现雨儿旁边没有了位子，他就会很伤心。有时他还会因此而哭，坚决要和雨儿坐在一起。如果雨儿旁边还有一点空隙，老师会挪动旁边几个小朋友的凳子，给石头腾出位置。这时石头便会一脸眼泪一脸笑，幸福地坐在雨儿旁边。如果没有空隙，老师只能告诉他："因为你来迟了，雨儿的身边已经坐满了小朋友，下次你来早一点，就能坐在雨儿的旁边了。"听老师这样说，石头尽管老大不情愿，但最终还是会接受这一结果。他会走到雨儿身边，"我下次坐在你旁边可以吗？"雨儿会用手摸一下他的脸说："好吧！下次小慧、思思还有你，咱们坐一起。"石头听了，就会心满意足地离开。

以后的时间里，石头总是在吃饭时早早地洗完手，找一个位置坐下来等待雨儿。看到雨儿洗完手，他就会说："雨儿，坐这儿吧！"于是几个人又坐在了一起。但有时候，雨儿也会拒绝，“我不坐这儿。”这时石头便会追上去问：“雨儿，你想坐哪儿呀？我挨着你坐吧！”如果雨儿答应，他就会很幸福地依偎在她的身边，开心得不得了。

在平时，石头都非常关心雨儿，只要有哪位小朋友不小心碰一下雨儿，石头就会走上前：“你不可以碰雨儿……如果再碰的话我就不和你做好朋友了。”石头是以这样的表达方式让雨儿肯定自己的。

当然他们之间也会发生矛盾，有时候，雨儿的想法和小慧、石头的想法不一致，小慧就会用严肃不满的语气在一旁说：“你不可以这样，要是这样，我就不和……”雨儿就会问：“你在说什么？”石头随之也会追问：“你在说谁呀？”小慧眨巴着眼睛，眼珠转上几圈，严肃的表情转为笑容，说：“我没有说雨儿，我说的是大强。”有很多次，小慧都用这样的方式逃脱了雨儿以及她的追随者石头的追问。

日子一天天过去了，这几位的关系逐渐成熟，成为彼此心中真正的好朋友了……

故事中的孩子都刚刚三岁，在自己的社会群体中经过碰壁、失败、迷茫、痛苦之后，找到了适合于自己的人选，并成为朋友。一旦成为朋友，他们就通过团队中的共同任务体验友谊的成果。只有在这种自然的团队组合中，孩子才能被团队感和友谊感所愉悦，产生需要团队和友谊的心理需求，这样孩子才能寻找使自己适合于团队的行为方式和思维方式。这就是所谓的团队精神。

第三节 问题及对策

孩子总是粘着妈妈

家长上班累了一天，希望能够放松一下，可是孩子不停地粘着妈妈，要和妈妈一起玩。孩子出现这种情况可能是由于以下原因造成的：

第一，在孩子很小的时候妈妈就上班了，对婴儿来说，母亲的脸就是孩子安全的港湾，婴儿出生后，当他能够看到事物，并将声音和人配对的时候，首先找到的就是妈妈，之后，在妈妈照顾的过程中，孩子将妈妈的身体和妈妈的脸组织到自己的环境中去，成为生活的必备条件。孩子存在一个秩序敏感期，秩序中孩子注意的每一样东西变动了位置，就会使他们不舒服。如果母亲在孩子三四个月时就离开孩子去上班了，几个小时后又出现在孩子面前，孩子不知道母亲为什么莫名其妙不见了，就会非常焦虑，恐慌的感觉遗留在孩子的内心，在以后的生活中孩子就会总觉得与妈妈在一起的时间不够，只要妈妈在，就一刻不停地粘着妈妈。

第二，如果父母一方情绪反复无常，使孩子在父母的情绪中发现人有时候会变得非常可怕，从而认为其他人也会这样，只有紧紧跟随着那个情绪反复无常的人，才会避免受到伤害。在这种情况下，孩子也会出现粘妈妈或粘爸爸的现象。有时父母之间的争吵也会造成这样的状态。

第三，遇到突发事件，比如看到某起伤亡事件，受到某次惊吓，在幼儿园受到其他孩子的攻击时，也会出现粘妈妈的情况。

针对这种现象，成人应该尽量消除环境中使孩子感到不安全的因素，离别时不要与孩子有过多的缠绵，抽空与孩子一起做一些事情，多与孩子进行亲昵的肢体互动。可以让孩子坐在怀里，拿一本书给孩子讲故事。这样母亲和孩子透支的力量都会获得补充。实际上，这时孩子不是要真的和你玩，而是想要和妈妈在一起的感觉。如果只是将孩子抱在怀中不停地抚摸，孩子就只能体验到妈妈身体的舒适感，以后会不断要求增加妈妈抱他的时间。

孩子晚上很困了，但还是不肯睡觉

孩子已经很困了，还是要求妈妈不停地给他讲故事，即使妈妈急于让他入睡，他也仍然睡不着，会一次次地要求喝水、上卫生间。这是由于孩子白天上幼儿园造成了焦虑，担心睡着了就不能控制自己，也无法知道妈妈会做什么，担心妈妈又会将他送到幼儿园去。于是认为只要醒着，能看到妈妈和自己所处的环境，就会知道自己不在幼儿园。内心的焦虑希望通过长时间地将妈妈留在身边来获得缓解。

出现这种情况，一般原因是家里以前生活环境过于单纯，护养过分，孩子很少接触外界的事物，幼儿园没有安排好入园期家长陪园和撤离的时间，又没有依托老师很好地帮助孩子适应幼儿园，再加上妈妈太忙，与孩子在一起的时间不够。这种情况下，家长要耐心地等待孩子适应幼儿园，同时与幼儿园沟通，建议幼儿园派一个专门的老师与孩子建立一种稳定可靠的关系，无论这个老师做什么都把孩子带在身边。妈妈要考虑减少工作时间，规定好睡前讲故事的数量，讲完了不要和孩子说话，不要要求孩子快点睡，只需要慢慢让孩子放松下来，孩子就会很快进入良好的睡眠状态。

不好好吃饭

出现这种情况，如果不属于器质性的问题，那么大多是由于家长总是要求孩子多吃一点饭而造成的心理性厌食。由于家长太重视孩子的吃饭，在孩子没有产生吃饭愿望的时候，强行逼迫孩子吃饭，在孩子看电视、玩耍时随时将饭塞进孩子嘴里。由于孩子不是自主地吃饭，大脑没有产生接受食物的信息，口腔就不能产生敏锐的味觉，消化系统也不分泌消化食物的液体。这样看上去，食物被塞进孩子的肚子，实际上不能被孩子吸收。造成的结果是，孩子吃饭时感受不到吃饭的快感，尝不出食物的味道。食物在胃中不能消化，又造成胃部的不适，时间长了，造成消化系统的紊乱，就更不愿意吃饭了。

遇到这种情况，首先应该停止逼迫孩子吃饭的行为，等孩子饿了，让他自己吃，饥饿的感觉会使孩子体会到吃饭的快感。吃饭时，要规定好吃饭的规则，如不能边玩边吃，必须与家人一起坐在餐桌旁，如果孩子非要看电视，或非要玩，可以让他选择是否放弃吃饭。

如果孩子放弃，不要指责他，吃完后平静地将饭菜收起来，将零食也收好，在下一顿饭之前，不给他其他食物。做父母的这时要忍着对孩子的心疼，帮助孩子解决这一问题。同时，在吃饭时不要不厌其烦地向孩子介绍饭菜的美味，不要强迫孩子吃固定的分量，不要喂孩子吃饭。如果孩子吃饭太慢，估计孩子快吃饱了，就平静地收碗，不要说什么。这样，孩子就会慢慢恢复良好的吃饭习惯。

交友的困惑

如果孩子表示幼儿园谁不和他玩儿了，这时孩子看上去会非常可怜，有时会对家长哭诉，表示不愿意上幼儿园了。大多数家长在这时都会将孩子的情感移植到自己身上，感到愤愤不平，其实，这正是孩子友谊成长的开始。由于他们没有建构友谊的经验，也没有经历过交友，不知道朋友的交往本来就是有聚有散的。

将家人的关系和朋友的关系分开，是孩子需要认知的课题。上幼儿园可以平等地与小朋友互动，在一个平等互动的关系之下，承受孩子应该承受的冲突，才会使孩子成长。所以说，这样的问题实际上是每一个孩子都会遇到的，是一个良好的成长机会。

家长一方面要与孩子共情，另一方面可以邀请那个小朋友及其家长一起到家里来玩。现在每家都是一个孩子，从幼儿园回家后，孩子面对着几个大人，感到非常无聊。同一班级里的小朋友的家庭互相联谊是一件非常好的事情。既可以使成人交流育儿经验，又可以使孩子找到如兄弟姐妹般的朋友。

当孩子失意时

回家后孩子告诉家长，某某小朋友打他了，某某小朋友老抢他的东西。这也是孩子在他的社会群体中应该遇到的正常问题，很多家长对这一问题比较焦虑，担心自己的孩子吃亏。家长可以了解一下，如果孩子在幼儿园里长期地被一个孩子控制和欺压，就要找老师沟通，让老师设法将这两个孩子分开，并为受欺负的孩子重新建立一个朋友群体，如果孩子虽然感到不舒服，但仍然喜欢和那个控制他的孩子在一起，老师和家长就要共同努力，唤起那个孩子对其他孩子的关爱，采取更人道的态度对待他的“随从”。

这时，家长在家里需要和孩子共情，可以说：小朋友打了你，你一定很生气，小朋友抢你的东西，你一定很想把自己的东西要回来，要不回来的话，会非常想念你的东西。先把孩子由事件造成的不良情绪排遣掉，再去想办法背着孩子与老师进行沟通，让老师帮助孩子把被别人抢走的东西要回来，与那个打他的孩子交朋友，或把那个习惯性打人的孩子与这个被打的孩子隔开。

最不合适的做法，是将孩子被打的情况移情到自己的身上，愤怒地朝自己的孩子大喊：“他打你，你为什么不打他！”这样做非但不起作用，反而会增加孩子的恐惧，使他变得更懦弱。

孩子不愿意去幼儿园

如果孩子表现为晚上惊醒大哭，两个月之后，每天上幼儿园还是非常愁苦，逐渐地变得沉默，失去了活泼的状态，笑的时候不是发自于心底，那么就说明这所幼儿园不适合孩子，要考虑给孩子换幼儿园了。

家长可以到幼儿园去听一次课，看看幼儿园的教育是否与孩子的发展轨迹相差太远，使孩子在那里度日如年。如果真是这样，就要考虑转一个比较能理解孩子和爱孩子的幼儿园。如果不是，就要寻找其他的原因。家庭的溺爱和过度的身体抚慰，都会使孩子害怕离开家人，如果有这样的情况，家人就要尽快做出调整。

如果孩子每天早晨哭着不愿意去，但家长接时，却看到他兴高采烈，甚至不愿意回家，那说明孩子只是有前期的离别而造成的习惯性离别仪式。另外在家里待了一晚上，上幼儿园的时候，当下的情景使他感到不愿意离开家。在幼儿园待了一天之后，幼儿园的情景又使他不愿意离开幼儿园，这是孩子感觉思维的典型状况。他们还没有成长起综合思维的能力，不能分析自己目前的状态。所以就会早晨不愿意走，晚上不愿意回。如果是这样，家长不必担心，可以把他早晨的哭当成一种仪式，这样的哭对孩子不会有伤害。

【第十三章】

喜欢说“不”的年龄

第一节 发现自我，探索权利边界

有了安全感后，孩子开始争取自我权利

到了三岁的时候，孩子对自己身体的认识越来越明显了：什么地方有孔、什么地方突起来了、什么地方平滑、什么地方粗糙、哪些是内部的部分、哪些是外部部分。尽管一个三岁的孩子还没有彻底完成如厕训练，但是他已经对自己身体所有的方面都有了很强的控制能力，包括他的尿道生殖器部位和肛门括约肌。

到了这个年龄，孩子们都清楚了自己是男孩还是女孩，并且明确区分了男性和女性。孩了通过性别对人加以分类，尽管他们对性别的分类通常仅限于表面现象和一些不稳定的性质，就好像：“她是个女孩子，因为她梳着辫子、穿着缀边的花袜子。”三岁的孩子对人的身体非常好奇——不仅仅是男性和女性，还包括大人与孩子、身体的强壮或虚弱、力量的大或小。

孩子的许多想象，是由于他试图对各种不同的问题取得某些满意答案而引发出来的。例如：因为我小，我就无助吗？我能像我希望的那样变得有力量吗？我也会长大吗？如果我长得像我爸爸妈妈一样大就会和他们一样有力量吗？那时我将会做什么？……

家庭是他们能够研究这些神秘事物的实验室。周围的一切对于孩子来说都是附加的压力，因为身为三岁的孩子，这一年龄现实限制着他的认知能力，也就是说他太小了，缺乏力量，不可能神奇般的一下子就变得强大，一个孩子非常想加入高大的、强壮的、有吸引力的父母的行列，与他们平等相处。（引自《耶鲁育儿宝典》，第201—202页）

在这种情况下，孩子往往感觉到自己的弱小，羡慕别人的强大，带着渴望成功和经常失败的心理冲突，孩子开始了权利的探索过程。

三儿第一周来幼儿园的时候，我告诉她："三儿，如果想喝水、吃饭、拉屉屉，都可以告诉我，好吗?"她点头答应。因为我是她的依抚老师，所以，其他老师给她倒水、盛饭她都不要，只有我准备的东西她才吃。

然而，让我感到奇怪的是，这孩子连续几天都要把自己的棉被、衣服、拖鞋装进包里带回家去，第二天再拿回来，即使她从不换拖鞋直接进入室内，也要将自己的拖鞋抱来抱去，表现出对于物质的极严重的不安全感。每到睡午觉的时候，三儿总是第一个爬上床，静静地将身体紧贴在被子上，双手压在身子底下一动不动，两眼紧闭得不让一丝光线进去。

"三儿，把外衣脱了睡吧!"我说。三儿像是没听见似的，一点都没反应。我试图帮她脱，刚摸到她的袖口，嗖地一下，三儿极快地躲到了一边。尽管后来睡着了，但是，她的表情告诉我——根本不想睡!

从第八天开始，三儿不再好好地睡觉了，而是坐在床上静观老师是怎么对待那些不睡觉的孩子的。她终于发现——老师并不是强迫孩子非得要睡，只是让那些不愿睡的孩子待到生活工作室里并保持安静。

后来，每当老师叫她去睡觉时，她就大喊，那声音能刺痛听者的耳膜。喊完之后，紧接着就会用嘲笑的口吻说:"臭屁屁，狗屎!"

在近一个月的时间里，三儿会经常出现在窗台上、电视机柜上、沙发的扶手上、课桌上……她会大笑着对老师说"臭屁屁"，对和她一起玩过家家的孩子"生气"地说："闭嘴!"会领导她的伙伴们和谁玩，不和谁玩。

三儿的情况告诉我们，有些孩子刚到一个新环境时，会表现得紧张、拘谨，对谁也不信任。但很快，在他对身边的环境有了充分的了解，有了安全感后，就开始争取自我权利了。

帮助孩子确定自己的权利界限

养育过孩子的成人，都知道两岁半之前的孩子都非常顺从，一到三岁，孩子就开始变得不好管理起来，他们总是故意去做那些你刚刚制止他们做的事，有时这种行为也并不是在探索，而是在试验如果做了你不让他做的事，你会怎样?虽然他们还没有明确地意识到自己的权利和别人的权利，没有将"权利"这个词与自己的行为真正配对，但他们的确在探索"我"可以有哪些特权，这时出现的最常见的情况是孩子与成人的较量。

欢欢和乐乐是一对双胞胎，乐乐是弟弟，两个孩子的体重在刚出生时差别很大，弟弟要比哥哥胖好多，可是到了三岁的时候，哥哥变得非常健壮，弟弟却显得非常瘦小，一副弱不禁风的样子。家人非常担心，对弟弟百般呵护，可是他的身体并没有因此变好。

老师们发现，乐乐总是情绪很坏，不容易找到可做的工作，经常找机会哭闹，有时候，只是干哭没有眼泪，更多的时候哼哼叽叽，显出很不舒服的样子。家人带他去做身体检查，结果显示他在器质方面没有任何问题。

为了进行调整，老师到他们家观察，发现乐乐总是用哭闹和不舒服的表现将妈妈吸引在身边并且独占妈妈。为了不让他哭闹，妈妈对他有求必应，相对忽视了哥哥。这样，欢欢只好自己努力寻找游戏和工作的乐趣，逐渐建构起独自工作和享受的习惯，但是由于在妈妈身上得不到像弟弟那样的关怀，他总是找机会欺负乐乐，并仇视地对待成人。如果别人想安抚他一下，抱抱他，就会显出很紧张很不好意思的样子。

有一天，乐乐要妈妈抱着他。妈妈将他抱起来，他便什么事也不做，待在妈妈的怀中。抱了一会儿，妈妈对他说："现在下去工作吧。"乐乐表现出非常痛苦的表情，说自己不会站。妈妈已经接受了老师的指导，知道乐乐在试图独占妈妈的爱。

于是妈妈将他放在地上，说："如果不会站，你就躺着吧。"乐乐真的躺在地上，扭动着身子说要站起来。妈妈说："你自己站起来。"他说："我站不起来。"妈妈说："我知道你能站起来的。"乐乐反复说站不起来，并大哭起来。妈妈坐在他的身边，平静地看着他，开始倾听。乐乐哭得声嘶力竭，妈妈忍不住掉下泪来，想抱他，但是想起老师的建议，还是忍住了，两个人就这样僵持了很久。

乐乐一边哭一边偷看妈妈的表情，他明显是在试探妈妈的忍耐极限，想从妈妈的脸上找到崩溃的迹象，好进一步占有妈妈。妈妈一直坚持着，最后乐乐提出了合理化的建议："妈妈伸出一只手来。"妈妈按他的要求伸出一只手。乐乐又说："妈妈要伸出两只手。"妈妈伸出两只手后，乐乐又说自己站不起来。这时，乐乐发现他向妈妈提的要求得到了满足，便又试验进一步的特权——要妈妈把他抱起来，这样他就又可以占有妈妈的身体。

为了让乐乐发现他的权利界限，妈妈将手缩了回去。问："想不想起来？"

乐乐哭着说："想起来。"

妈妈："你起来吧。"

乐乐："要妈妈抱。"

妈妈："妈妈拉你，你可以起来的。"

乐乐："要妈妈的手。"

妈妈又像刚才那样伸出一只手，乐乐说："要两只手。"妈妈伸出两只手，乐乐又回到了刚才那个程序，踢蹬着要妈妈抱。

孩子在试验自己的特权时是非常执着的，这就要求成人有极大的耐力帮助孩子发现自己的权利边界。如果妈妈只为了自己省事，放弃了这个重复又繁杂的过程，一把将乐乐抱了起来，这个麻烦就可以立刻结束了，但是乐乐仍然无法获得成长，也不能发现自己的权利边界，以后也会在这方面概念模糊，会无意识地侵犯别人的疆界。

在妈妈的坚持之下，乐乐终于将手伸给了妈妈站了起来，并提议说要听故事。接下来，妈妈将欢欢也抱在自己怀里，乐乐带着羞涩的微笑和哥哥一起分享妈妈的故事。通过这次事件，乐乐会发现妈妈是两个人的，欢欢也有享受妈妈的爱的权利。

在孩子探索权利边界的时候，成人对孩子最好的帮助是让他发现自己的权利界限有多大，不能因为孩子的哭闹和不高兴，就放弃原则。

第二节　发现自我，探索“我”与事物的关系

人的生存本能决定了他只有先将自己照顾好，才能有心力去照顾别人，这是自然赋予人类的特质。

孩子是没有成熟的人，尤其在六岁之前，他们的主要任务是通过自己的工作和探索认识世界，建构属于自己的思维模式和人格状态。生存的本能会使他们无意识地先保证自己的安全和生存，所以，不能强求孩子从小就学会不先建构自己的生活而去帮助别人。

另外，孩子的情况与成人不同——他们在每一个成长时期都有不同的任务。三岁之前，他们利用自己的感觉器官收集环境中的表象，为将来形成概念而准备好丰富的材料。三岁之后，当他们发现了“我”之后，首先探索的是其他的事物与“我”的关系，发现哪些物质是归我的，哪些物质是别人的。我对“归我的物”具有哪些权利？“不归我的物”我应该怎样处理？

别急着让孩子学会分享

在孩子探索的这一阶段，成人帮助他们的最好方式是让其发现世间的这一法则。如果孩子内在的需求没有得到满足，成人要求他们将自己的物品分给别人，就会造成他们对物质没有安全感，会使他们变得贪婪和自私。

自私的概念是：在明知道为了自己利益的行为会使别人的利益受到严重损害时，还要继续选择保护自己的利益去损害别人的利益。孩子的自主敏感期是无意识的探索行为，不能叫作自私。这是孩子的发展和自然规律决定的。有良知的成人应该帮助孩子发展，而不是在孩子发展期将成人的道德观念套用在孩子身上。这样做只会制造出数之不尽的自私孩子。

孩子是环境的产物，他会吸收环境中的所有因素而形成自己的人格状态。因此，成人不必有意地对孩子从小就进行“关爱别人、大公无私”的教育，只要他生活的环境是温馨友善的，孩子就会成长为一个能够深刻真诚地关怀、体谅别人，并能真诚地与他人分享物品的人。

下面是一位妈妈写的自己儿子与他人分享物品的小故事：

涂涂有一个小朋友——予予姐姐，比他大一岁半。予予是在传统园上学，予予妈妈总是要求予予礼让其他小朋友，涂涂忒喜欢予予姐姐，可能就是由于予予每次都让着他。

我内心也喜欢让涂涂和予予玩，因为知道涂涂不会受到伤害。有时候，看着涂涂固执地不让予予动他的玩具，然而予予却总是和涂涂分享自己的东西，常常出现不好意思的感觉，心想，瞧人家传统园的孩子比咱的孩子懂事多了。

一次，我带涂涂去丁丁家做客，丁丁比涂涂小，在孩子之家的另一个园区上学，那感觉可真是不同。

一进门，涂涂就被丁丁的大汽车吸引，他刚想拿，就被丁丁喝住："不可以！"涂涂无奈地停了手，转身想去摸另外一个玩具，结果又被丁丁制止。丁丁妈妈无奈地笑了一下说："老师不让强迫孩子分享玩具，只好随他去了。"

涂涂在处处碰壁后，缩到了一个角落，有些不知所措。我赶忙拿出几本英文儿歌书（是带给丁丁的礼物），然后招呼涂涂说："这是咱家的东西，来，咱们看书吧。"我抱着涂涂，一起拍着手唱着儿歌，间隙中，我附耳对涂涂说："不要看丁丁，专心唱歌，我保证他会来找你玩儿的。"

果然不出所料，丁丁被我们陶醉的样子吸引，也走过来，开始跟着节奏拍手。一曲终了，丁丁已经接纳了涂涂，俩人开始一起玩了。他们俩的玩法很有"孩子之家"特色，用的都是一些术语："我正在工作，请不要打扰我。""我在排队等待呢，可以让我玩一下吗？"两人开始很有规则地享用每一个玩具。

从丁丁家回来后，我开始注意观察予予，我有些疑惑，都是孩子，难道予予就乐意让着别人？

予予特别喜欢在我们家玩儿，因为我们家的环境宽松，她可以把装玩具的纸箱子倒空，然后坐进去当船划，她可以用沙发坐垫做成一个"兔"窝儿……每次家里都被她和涂涂折腾得一片狼藉，我们从来不觉得有什么。予予妈妈也不用陪着。

一次，予予和涂涂发生了争执，两人各拿着一个玩具的两端不松手，谁也不让谁，忽然，予予松手了，像往常一样放弃了争夺。然后，我听到她在和涂涂说："我让着你吧，要不然你就不让我到你们家玩儿了。"

从上面的故事中，我们可以看到，涂涂在别人家里是怎样对待那些不属于自己的物品的，而在自己的家里是怎样处理属于自己的物品的。丁丁也是三岁的孩子，刚开始建构哪些物质是自己的，哪些物质是别人的，因此将物品的权属划得很明确。而予予已经懂得用物质交换自己所需要的友谊。

第三节　常见问题及对策

孩子在幼儿园表现得很好，回到家却经常找茬发脾气

这是由于孩子白天付出太多的心力，晚上需要补充能量，他们会显得不可理喻，对一件完全没有必要发脾气的事乱发脾气，有时家长会非常生气。在这种情况下，家长要进行倾听，尽量满足孩子的要求，如果不能满足，就平静地看着孩子，不要说太多的话，一直等待他哭闹结束，然后和他一起去做别的事情，使孩子发现家依

然是一个安全的地方。

孩子经常假哭

这是孩子情感发展初期，有时会演绎情感，这时成人要配合他的情感，也用假装的声调过家家一般地演绎安抚，去拥抱孩子。有时孩子会弄假成真，能好好地哭一场，对任何孩子都是有益的。成人此时一定要关注他，不要说过多安慰的话，以免造成暗示。一般女孩子容易出现这样的情况，家长可以采用游戏的方式进行回应。

不愿意和别人分享自己的物品

孩子表现出令成人不喜欢的自私状态，自己所有的东西都不让小朋友动，自己不吃的东西也不愿意分享给小朋友。成人无论怎样劝说都无济于事，如果强行分享，孩子就会大发脾气。这时孩子正在认识权利的时期，由于刚刚搞清哪些物质是属于自己的，所以不能变通物质所有权可以互换的规则。

家里可以准备一些不属于孩子的玩具、零食等，等有小朋友来玩时，拿出来与小朋友分享。买来好吃的，分成三份，爸爸妈妈可以拿出自己的那一份，与所有人分享。确定孩子已经吸收了这样的形式，再向孩子要求分享。孩子同意就分享，孩子不同意也不要勉强。只要孩子的环境中有分享的氛围，孩子就会学会分享。

孩子占有欲强

孩子表现为令人担忧的贪婪现象，将家中一些物品占为已有，不许别人碰，一般孩子出现这种情况可能有以下几种原因：

第一，在孩子自主敏感期时为了培养他不自私的品德，强行将孩子的物品分给别人；

第二，家里人不给孩子展示分享的概念和美好；

第三，家人发现孩子不愿意分享时，觉得非常不好意思，任何情况下都拼命地劝说孩子分享。

出现这种情况，可以在家中制定有关生活习惯与物质分配的原则，写下来张贴在墙上，全家人都按原则实施。如果孩子触犯原则，进行权限试探，成人需要坚持，不能用发脾气和打骂的方式解决，平静地坚持到底就可以了。

以自我为中心

孩子表现为成人认为的霸道，所有的事都由他说了算，如果不按他要求的做就会大哭大闹，有时会哭很久，让家人无法忍受。如果家里的大人能够制定原则，在原则问题上坚持让孩子遵守，在其他事情上，孩子显示的以自我为中心是正常现象。如果孩子毫不顾忌别人，显出真正的霸道无理，家人可以考虑为孩子划清疆界，哪些权利是属于爸爸妈妈的，如：妈妈告诉孩子现在工作，不能陪孩子玩。让爸爸陪孩子。孩子也答应了。但是过了一会儿，毫无理由地非要妈妈陪，这时妈妈可以坚持自己的疆界：我现在不能陪你，我要工作。这样孩子逐渐地就会懂得，即便是爸爸妈妈，也和他是两个人，他们也有自己的事情要做，不能在所有的时间都满足他的要求。

另外，许多妈妈都害怕孩子会养成以自我为中心的习惯，其实不必过度紧张。在家里，虽然孩子在大人心目中是最重要的，但应该各人做自己的事，孩子只要不要求，大人就不要去干涉孩子。

孩子烦躁、多动、触摸身体某些部位

孩子表现为无事可做时就不停地挖鼻孔、吃手指、在睡前摸自己的小鸡鸡。这说明孩子内心有焦虑情绪，首先要找到焦虑的原因，帮助孩子排除。如果触摸身体或吮吸手指等不良行为已经成为习惯，要在一段时间里对这一行为密切关注，当孩子的这些行为出现时，装作不在意地进行干扰，介绍其他的事情给他做，转移孩子的注意力，切记不可以在制止的同时使用“不要这样”之类的语言。

总之，三岁和其他年龄段一样，会出现许多问题。尤其是这一年龄段在弗洛伊德心理学中，被认作是一个感受自己身体的时期。大多数孩子在这一时期会出现肛门期现象，即为了有意识地控制大小便而做的秘密练习，表现为以前向大人要求上厕所，也可以自己上卫生间，到这一时期却突然开始尿裤子。遇到这种情况，成人要不动声色地将湿掉的裤子换下来。成人上卫生间的时候，也可以带着他一起去。这一时期过后，孩子会自然而然地自己上卫生间。如果在孩子尿了裤子后，成人反复强调不能尿裤子，孩子控制大小便的练习就会受到干扰，严重的还会造成羞耻性人格状态。

【第十四章】

孩子为什么如此苛求完美

第一节　规则对孩子的重要性

孩子从出生后的头几个月到两岁左右，表现出对秩序的极大需求，这一阶段被称为秩序敏感期。这个时期对秩序的要求一般停留在行为顺序、物质的摆放位置以及所喜爱的物质存在形式上。到了三岁，孩子开始将这种秩序要求升华为对规则的理解。

但三岁的孩子将规则看作是固定不可改变的，因而有一种神圣的保护意愿。对孩子来讲，清理餐桌时不小心将杯子打碎和故意将杯子摔在地上，是属于坏孩子的行为。当发现有人侥幸逃脱了应受的惩罚时，他们会感到焦虑。而且这个年龄的孩子还假定如果有人不高兴，那么他一定是做错了什么事，因此感到内疚和烦恼。

一所幼儿园规定：早晨做晨圈活动时，小朋友要保持安静，不可以乱喊乱叫。如果有谁在晨圈活动中乱跑，故意违反原则，经老师警告后，仍然不改正，就会被老师带到“反思角”，直到其自愿回到群体中，遵守群体原则。

这一天，几个小朋友在一起过家家，有的扮演老师，有的扮演孩子，在做晨圈活动。其中有一个小朋友想提一个建议，于是站起来向“老师”倾诉。扮演老师的小朋友立刻指出他违反了原则，请他坐“反思角”。那个小朋友也没有辩驳，平静地坐到“反思角”的小板凳上，没有不情愿的因素。由此看来，孩子并不能区分哪些内容是真正地违反原则，哪些是原则之外的，所以只好固守原则。

还有一次，孩子们在老师的带领下集体工作“塞根板”（蒙特梭利教具的一种，可以帮助孩子认知双位数）。前面上去的一个孩子在插数板时将旁边的串珠碰歪了，立刻就有一个三岁多的孩子站起来大声喊：“他破坏了别人的工作！”老师说：“他不是故意的。”但那个孩子紧紧拉着破坏教具的孩子的衣袖说：“他破坏了我的工作。”

幼儿园规定，任何人都不可以破坏别人的工作。孩子将这条原则当成是神圣不可改变的，在无法区分别人的行为动机时，便死守这个规则，无法变通，而灵活地使用需要丰富的经验积累和成熟的判断能力。所以，我们不能要求三岁的孩子能够灵活对待规则，也不能对他们因为别人不遵守规则而感到焦虑的时候，给他们讲太多的道理。因为纯语言无法使他们成熟起来，讲道理式的氛围和表情会使孩子认为自己错了而放弃对原则的恪守。

第二节　保护孩子心中的完美世界

孩子有发现完美并追求完美的阶段，这个时期一般从两岁开始延续到四岁之前。在第一册第七讲中，我们已经讲过完美敏感期的特质。到了这个时期，成人要帮助孩子保护对完美的要求，尽量不破坏他们认可的完美的事物。

有一个小男孩的爸爸妈妈认为自己的孩子出了问题，去找心理医生咨询。他们说孩子总是做一些莫名其妙，让人不可理解的事情。有一次，爷爷奶奶来家里住，午餐时烧了一条鱼。这条鱼完整地放在餐盘中，上面撒了一些红色的辣椒丝，旁边还放了几颗樱桃作为点缀。

成人没有思考过，我们将要破坏并吃在肚子里的菜肴，为什么要在食用之前，把它装扮得如此漂亮。但是对于孩子来说，他们不能理解菜做得如此赏心悦目是为了让人更有胃口将其吃到肚子里，他们只知道那是一件让人快乐的艺术品。这件艺术品，只要放在眼前，他就感到非常幸福，这是真正的艺术家的状态。小男孩对待这条鱼就是这样的心理。

鱼端上来之后，他兴奋不已。午餐开始了，大家都伸出了筷子，孩子急了，用手将盘子护住，急切地喊："不许吃这条鱼，谁都不许吃这条鱼!"这条鱼是特意用来孝敬爷爷奶奶的，孩子的爸爸看到儿子这样，觉得很没面子，于是将鱼盘从儿子紧紧护着的两手中拉出来，一下把鱼夹成好几块，分别放在父母的碗中。孩子马上哭闹了起来。为了一条鱼将孙子惹成这样，老人的脸色也很不好看，又将鱼送回到鱼盘中，说："我们都不吃了，都给你。"鱼虽然送回来了，但孩子还是大哭不止。孩子爸爸忍无可忍，将儿子拖到房间揍了一顿。老人临走时，沉着脸告诉儿子，不要把孩子惯坏了。

男孩的父母就这件事咨询心理医生，这位医生大概也不太懂孩子的敏感期，只告诉他们遇到这种情形的两种处理方式：一是冷处理，将孩子放在一边，大家都不理他，继续吃自己的饭；二是热处理，在劝说中将鱼分给大家。

如果成人在此类事情上都这样处理，由于要求完美所带来的伤害就会留在孩子心中，成为永远的痛。孩子不明白自己为什么会受到这样的待遇，他会认为自己是个坏孩子，以为要求一件事物的完整是不被允许的。得不到的东西就会成为一种永久的需求，造成心理问题。孩子就会变得状态低下，他们对自己所做的事失去了完美的要求，或者将来变得过于要求完美。

所以养育孩子首先要懂得孩子，成人一顿不吃鱼也不会有什么问题，而孩子对美的需求得到了帮助，这种价值是多少万份美味的鱼也抵不上的。

第三节　三岁孩子的认知水平

三岁的孩子虽然已经能将生活中的许多事物与名词配对，但是他们对事物的现象和本质的认识，仍然处于一种不成熟的状态，他们只相信看到的，无法通过判断推翻自己所看到的假象。

例如，我们拿过来一杯白色的牛奶，然后用一个蒙着红色滤光纸的灯照射它，使杯子和牛奶看上去都是红色的。你问一个三岁的孩子：牛奶实际上是什么颜色的？他会说是红色。如果这个孩子获得了自然的成长，从小没有被成人用语言教授，没有被训练得只相信成人说的话，遇到以上情况，即便是在实验之前告诉他：牛奶是白色的。当我们用红色的灯照射牛奶杯，问牛奶是什么颜色时，他仍然会回答牛奶是红色的。皮亚杰正是通过这样的错误发现了孩子的发展规律，并研究出发展心理学。

大多数父母在这种情况下，都急于让孩子了解事情的真相，便反复地教孩子，教完后再去考问。如果孩子的回答仍然不符合正确答案时，父母就会感到非常愤怒，认为孩子怎么这么笨。

专家做过一个实验，问一个孩子：“你是用什么思考。”

孩子说："用嘴巴。"

"那么请你闭上嘴巴，看还能思考吗。"

孩子闭上了嘴巴。专家问："你能思考吗？"

孩子说："能。"

"那么你张开嘴巴。"

孩子张开了嘴，专家问："你能思考吗？"

孩子回答："能。"

专家问："那你用什么思考呢？"

孩子："用嘴巴。"

如果这时我们觉得孩子答错了，直接告诉他："你错了，怎么会用嘴巴呢？人都是用大脑思考的。"孩子就会有挫败感，觉得自己很笨。我们看到，孩子无法考察自己到底用什么器官思考，因为在回答别人问话时需要用到嘴巴，所以认为用嘴巴思考，这就是孩子的认知。他们在试误过程中发现真理，我们要给孩子试误的机会，不要急于让他们回答正确。

来看看一个幼儿园的晨课：

今天早晨的"生活主题课"上完之后，又上了一节"偷孩子的坏蛋"的"审判概念课"。

于老师将立体几何体的布袋套在头上，让垒垒当被偷的"小孩"，王小佳当"妈妈"（她穿着一件小红棉袄，又将一块红花的小布绑在腰间，真像一个称职的小妈妈），几个男孩子当"警察"，其他的孩子当"邻居"。

于老师（装扮"坏蛋"）"偷"走了"孩子"，"妈妈"满地转着"大哭"，直至"晕"倒在地，被邓老师扶起来放上小床之后，仍然“大哭”不止，嘴里一个劲地在喊：“我的孩子呀！我的孩子呀！”面对这种情况，“警察”们“义愤填膺”，拿着自制的、怪里怪气的枪一边挥舞，一边同情地询问案情。

突然，被“偷”走的“孩子”跑进来，抓起“生活区”的教具开始工作，竟然没人理他——妈妈仍然在号啕大哭，警察仍然信誓旦旦地要去帮她寻找孩子，“邻居”大都是两岁左右的孩子，还没搞清是怎么回事儿，傻傻地站在那里看热闹。

于老师装扮“坏蛋”时，因为忙着给另外一个孩子擦鼻涕而放跑了“偷”来的孩子，这时正鬼鬼祟祟地溜进来重新“偷”，发现被偷的对象正在工作，不好打搅，只好蹲在身边等着——也没人理她。

“妈妈”还在哭着，“警察”们还在宣誓；一直到“小偷”又把“孩子”成功地偷了去，藏在自己的“贼窝”里，“警察”们才一拥而上，把“坏蛋”抓了起来。

之后，“坏蛋”挣脱了，在屋里跑了两圈；“革命群众”这才醒悟过来，跟着“警察”一起来抓；抓住后，用一块漂亮的花布绑着手，带上了法庭；“革命群众”坐在“坏蛋”的对面，“坏蛋”被两个“警察”和偷去的“孩子”押着，被尖着嗓子的“法官”（于老师）判处坐牢。

再后来，“警察”把“坏蛋”押到了“贼窝”里，关了起来；但是，还没等“警察”离开，“革命群众”便纷纷扑进“坏蛋”的怀抱，坐在腿上寻找安慰……

那个“贼窝”，正是昨天的“羊窝”，孩子们都喜欢和老师挤在一起，体会那份神秘。孩子是视觉思维，见了这个地方，早忘记“羊窝”已成“贼窝”，而“羊妈妈”也已变成了“坏蛋”。

这个案例真实生动地反映了一群二三岁的孩子的思维状态和认知水平。孩子可以将生活中听到看到的事情加上自己的想象还原再现出来，也可以很快进入角色，但也会很快被转移注意力。老师要做的不是说教、示范，而是配合和引导，要让孩子在自己的不断尝试中慢慢认知。

第四节　尊重孩子的社会性发展

下面是一位教师为解释幼儿园的孩子之间发生的冲突而给家长写的一个帖子——

孩子们已经完成了社会群体的组合，出现了标志着向文明进化的初期——奴隶社会发展的现象（孩子的精神成长重复着整个人类文明的发展过程，这话一点都不假），而且带有母系社会性质。

男孩们还在当兵打仗，除了两名憨厚的长官外，没有复杂的等级结构，没有定向的精神控制，也没有争权夺利的斗争。女孩却不同，她们进化得要快一点，她们的群体中出现了争权夺利，有争权夺利就出现权力等级，进而出现了控制者和被控制者。在女孩们发现了权力的好处和力量的同时，也发现了群体，朋友的多少成为了她们的“财产”（如果吃不饱肚子，就会把食物作为财产了）。女孩子们为这些使用她们的智慧。有快乐的，有痛苦的，有成功者，有失败者。

但我发现，这并不完全像我们成人的社会——那种持续的、专注的权力斗争。当孩子沉入到良好的情景之中时，每个人都变得极其宽厚而美好。被控制的孩子也不是如我们想象的，每时每刻都感觉到被控制并且为此痛苦，而是当靠自己的智慧得到“领导”的垂青时会感到幸福万分。这是她们寻找到的另一种获得幸福的途径。

从终极意义来讲，这是一种孩子在自由状态中必然要出现的群体现象，也是孩子们获得成长的一个契机，但孩子的群体氛围是不是建设性的，领导者的手段是不是智慧的有爱的，孩子是不是暴力的、怀着不良情绪的，这些都需要我们成人在暗中帮助孩子们，从而将氛围引向更好的方向。

男孩们的家长需要给孩子们提供“军需品”，防弹衣啊，军装啊等等。上周他们的周歌是“我是一个兵”（不知由谁发起的），所以就因势利导了——他们的文字游戏玩到了“来自老百姓”，效果好极了。请男孩家长们配合。

附：孩子社会发展步骤——

一、各自为阵；

二、寻找朋友；

三、发现友谊；

四、组成群体；

五、发生社会关系；

六、出现阶级；

七、窝里斗；

八、复归平和友善。

这个过程存在的问题是，家长不了解孩子自然的社会群体也会像人类社会的发展一样出现领袖阶层和随从，会为别人的孩子控制了自己孩子而感到愤愤不平，认为自己的孩子受到了欺侮。这种情况往往是家长曾经被欺负过的伤痛没有获得修复，在看到孩子出现这种情况时，就将自己的伤痛移情到孩子身上，这对孩子的成长非常不利。

一个班级里形成了这样的群体：有一个身强力壮的女孩子，叫草儿，她在过去的幼儿园可能被老师用不公平的权利对待过，现在的幼儿园是一个混龄班，来到这里不久，她就成为一群孩子的领袖，领导着一个孩子的群体。这个女孩子已经五岁了，而她的“民众”们大多才三四岁。有一部分孩子不听她的指挥，自己选择喜欢的事做。草儿就会用一定的“政治手段”去打击那些不听话的孩子，她会设计很好的游戏去吸引所有的孩子，将其他孩子吸引来之后，不允许那些不听话的孩子玩。在这种情况下，有几个非常需要草儿保护的孩子就充当了她的手下，只要她不喜欢谁，那几个孩子就会去孤立谁。

看起来这是一个不正常的现象，也是我们成年人最不能忍受的事情。在这种情况下，我们立刻会想到我们曾经遇到过的类似情况，于是愤愤不平，想去叫那些“手下”起来反抗那个霸道的领袖，并教那些被“欺负”的孩子怎样抗拒有势力的人。一个幼儿园如果形成了这样的氛围，说明控制别人的孩子不是曾经吸收了恶劣的控制行为，就是他的智慧吸引着其他孩子愿意跟随他玩耍。

自然平和的孩子群体当然是最理想的，但是一旦出现这种情况，家长就会非常焦虑，会要求老师处理那个不好的孩子领袖，让他不要那样对待别的孩子。这是无济于事的，因为在一个正常的幼儿园，孩子们有很多自由活动的时间，能够组成群体的孩子总是很幸福地享受群体的优势，而那些被吸引而又不能进入群体的孩子就显得非常孤单可怜。这时，即使成人在旁边使劲劝说群体接纳这个孩子，也不容易成功。

草儿的那个群体中，有一个文静柔弱的孩子叫跃跃，他一直跟随着草儿，会把带来的好东西一股脑地送给草儿。有一段时间，跃跃每天回家都会向妈妈要东西，表明第二天要送给草儿。他妈妈气愤地来找老师，要老师想办法解决这件事。

正好有一天，跃跃来找老师告状，说草儿要打死他。为了让他发现草儿是可以抗拒的，老师带着他去找草儿，问："是不是说了要打死跃跃？"草儿矢口否认。这时再看跃跃，他眼睛怯怯地眨着，很害怕的样子。过了一会儿，草草跑来让老师看，只见她的嘴里塞满了跃跃的奶片。跃跃因为自己暗暗地告状，被草儿发现，为了消除草儿的报复，将整整一板奶片都塞到草儿嘴里。

处理这件事的老师也有点生气了，觉得跃跃太软弱了。于是，去找跃跃。问："为什么把所有的奶片都给了草儿？"

跃跃说："因为她不打我。"

老师："宝贝，她不打你是应该的，你不用因为这个给她奶片。你看我们也都不会打你的，你是不是也要给我们奶片呢？"

谁知跃跃说："我的奶片想给谁就给谁。"三岁九个月的跃跃把老师堵得哑口无言。

后来老师们讨论，认为孩子的社会现象就是成人的社会现象，只要有人的地方就会有强弱之分，强者领导弱者，强者找到了自己的生态位置，弱者在强者的领导下，也获得了安全感，找到了弱者的生存方式。这就是自然法则。我们能做的，只有让强者更有人性更美好地领导他的群体，而无法使弱者在一瞬间变强。

这一时期存在的问题是，当孩子对人与人，物与物、人与物之间的关系进行探索的时候，成人所要做的是将人群的法则输入给他们，通过行为过程给他们建构起遵守法则的良好人格状态，而不是去干预他们成长中遇到的自然冲突，去替代他们经历或消除冲突，这样才能使他们获得成长。

人类要遵守的基本法则是：尊重别人的物质和身体；没有经过别人的同意不可以动别人的东西；公用的物品谁先拿到谁先使用，后来者需要等待；不可以占有已经属于别人的领地；不可以破坏别人的工作。

第五节　问题及对策

孩子要求成人帮忙完成一个完美目标

这时孩子会开始大哭大闹，变得不可理喻。这种时候，我们要按照孩子建议的方式一遍一遍地去做，不要指责孩子，不要感到不耐烦，不要边做边发脾气。如果实在无法做到，就平静温和地告诉孩子：妈妈（爸爸）已经尽力了，然后进行倾听。

孩子的完美要求与成人的需求发生冲突时

成人尽量放弃自己的需求，让孩子获得满足。或者在孩子认可已经保护了自己的完美需求时，跟他一起讨论怎样使用那一物质。如果不得已，可以强行进行，然后倾听。

宣宣有一次发现幼儿园的白色大门关起来后，上面会有一条完整的弧线，那天家长们都来幼儿园开会，宣宣不断地在门口将门关上、打开，观察弧线的分开与合拢。家长会散了，门不能在短时间内打开合拢，必须长时间敞开。宣宣变得非常紧张，从栅栏里将手臂伸出去，环起来，用自己的身体将两扇大门“锁住”，不许任何人打开。

这是一所现代幼儿园，所有的家长都理解宣宣的状态，于是大家站在院子里等待老师解决这件事。老师蹲在宣宣的身边，两手抓着宣宣的手腕，告诉她：“大家必须要回家，门必须得打开，等大家都离开院子了，门还可以关上，弧线还在。”宣宣目视前方，不动声色。老师一遍一遍地说，还是无法解决问题。

这时，有些家长开始着急，无法等待宣宣自愿松开手臂。老师就将宣宣的大拇指掰开，接着将宣宣的手拉开，打开了大门。宣宣很生气，委屈得快要哭起来的样子，老师蹲在她面前进行倾听，宣宣捶打了老师几拳后，伏在老师肩上大哭起来。这时老师与她共情，平静地说："我知道那条弧线被分开了你很难受，那我们现在一起等待人们都走完了，我们再将门合起来。"此后，宣宣每天早晨都站在门后，把守着大门，每个要进门的人，都要按一个假设的门铃才可以进去。宣宣为了保护那条弧线的完整而坚守了将近半个月的时间。

孩子因为发现别人违反了原则而告状

如果家里有这样一条原则：吃饭时不可以看电视，如果违反了原则，就需要坐反思角。假如爸爸这天违反了原则，孩子大叫着指出来。可以这样说："对，爸爸是在吃饭的时候看了电视，我们去警告他。如果还看，就请他坐反思角。"这样回答将坐反思角的条件也一并输入给了孩子，非常简洁没有废话。如果不是在吃饭时间，爸爸只是在边吃零食边看电视，而孩子认为爸爸违反了原则，可以和孩子讲："现在不是吃饭的时间，爸爸只是吃一点零食，可以边吃零食边看电视。"解释的话语刚好与事件配对，不必信息过多。免得使孩子由于信息过多而迷茫和焦虑。

【第十五章】
三岁看大

第一节 三岁看大——看什么

“三岁看大”到底要看什么？是指要科学的、按照个体成长的规律来“看”自己的孩子。前面已经介绍过孩子的很多发展规律，一个两岁的孩子可能已经伶牙俐齿，而另一个两岁的孩子却只能发出咿咿呀呀的模糊语音。这样的情况令家长感到非常迷茫，不明白到底该如何看待这样的情况。我们接下来就对这些问题展开探讨——

一样的年龄，不一样的孩子

孩子都是一样的，是说人的生长规律是一样的。但并非说每一个孩子成长的时间和水平都相同。具体情况与遗传有很大的关系，此外还有环境的因素。遗传使得某些孩子在同一阶段某一项能力非常突出，而另一些能力要晚一些发展。所以说每个孩子都是件手工艺品，即使是同一个人做的，也不会完全相同。既然各不相同，因而也不具备可比性。天才也并非是后天教育的结果，而是天生在某一方面或全方面的能力特别突出。

美国心理学家艾伦·温纳写过一本书叫《天才孩子》，对天才孩子和普通孩子进行了详细的比较，向人们揭示天才孩子的秘密。书中提到一个“数字童子”的案例：

凯利一岁半对字母和数字着了迷。他时常边用手揪粘在冰箱上的塑料字母，边一遍遍地念叨字母名称。他曾指出某人镜框上有一个“W”字母。凡是他找得到的玩物，如筷子或积木之类，全都成了他用来摆字母与数字的材料。

他对字母的迷恋在两岁时消退了，代之而起的是对数字的加倍着迷。塑料数字玩具和带数字的积木成了他最心爱之物。他喜欢数数，摆弄东西时总是一遍遍地数着数。

凯利从来没对数字感到厌倦。两岁时，有人给了他一本日历，他就不厌其烦地朗读上面的数字。看见旅馆房间门上的数字，会立即读出声来。两岁半时，母亲头一次带他去办公室，他就被办公室门上的数字迷住了，很快搞清了利兹在303，保利娜在323，霍华德在324。他对数字过目不忘。三岁时，父母带他去露营。走到公园门口时，管理员要特许证号码。父母都记不清了。他父亲便问凯利：“特许证号码是多少？”凯利脱口而出：“502—VFA。”

他做心算甚至比这还早。两岁时，他看到车牌号上有两个8，于是便说：8加8等于16。父母吃了一惊，问他怎么知道的，他解释不出来。两岁半时，他祖母把三块积木排成一排，组成了1+1=2这个等式。凯利就意识到数字可以用来玩游戏，随即要求反复玩这种游戏。在这一年龄，他最喜爱的书是一本关于加法的书，书中画的物体下面都标有数字，以此构成等式（例如，两个苹果加两个苹果等于四个苹果）。

凯利五岁时，可以一连三个小时独自搞数学活动——摆卡片或木条、算题、在计算机上玩数学游戏等，从不觉得累。他喜欢独处，常常自己一个人玩，比如他宁愿在黑板上写数字玩，也不愿和同一教室的其他孩子一起玩。

五岁的凯利称自己为“数字童子”。他与数字结下了不解之缘。

毫无疑问，凯利对数字的迷恋是与生俱来的。我们无法通过教育手段或严密的训练使一个两岁的孩子达到凯利的状态，也无法通过教育和讲道理让一个五岁的孩子在三个小时里独自进行数学活动。天才孩子总是对他们擅长的项目具有极大的热情，这种热情无法通过外部的训练达到。

成人认识到这一点，就要怀着一颗平常心，喜悦地接纳孩子，在他现有的基础上，帮助其成长为一个能够依靠自己的能力和智慧快乐生存的人。

需要看的有这些：

一、孩子是否热爱工作；

二、孩子是否热爱探索；

三、孩子是否有安全感；

四、孩子身体成长是否正常；

五、孩子是否出现了养育方面的问题，如吃喝拉撒睡等方面的困难。

如果这些方面都没有问题，那么孩子就是优秀的，我们应该相信他会使自己成为一个容易生存的人。如果这些方面出现问题，我们又没有帮助他解决，他将来的生存就会出现困境。

天生我才必有用

人们通常会赞赏乐观型的孩子，因为他们热情开朗、活泼好动、乐于去试探没有见过的新鲜事物，也会在被新鲜的事物吸引之后，无法深入持久地研究下去。随着年龄的增长，世界上能够吸引他的事物逐渐地变少，但他会从很多事物中发现最感兴趣的那么几项，开始深入地探索，他仍然会带着乐观热情的个性，将来成为生活的享受者。

这个深入探索的时间可能在八岁，可能在十岁、十六岁，甚至二十五岁，总之，你会发现，他一样会用自己的方式生活得非常好，只要他身心健康。

而另一些孩子有可能完全相反。他们不苟言笑，对身边所有的事物都抱有谨慎的态度，绝对不会做先吃螃蟹的人。他也不必非得做那个第一个尝螃蟹的人。每到一个新环境，他都会沉着冷静地默默观察一番。有时候，他们的这种状态在成人看来好像对周围的事物不感兴趣。但是当他们选中其中一项事物的时候，就会默默地长时间地探索。当他们对这项事物探索完毕，会再选择另一项，最终达到对周围环境的完全了解。

虽然这两种孩子的表现形式完全不同，但最终结果可能是相同的。如果发展过程中出现了不好的情况，那一定是孩子身边的成人给他的评价有问题。

比如成人可能觉得乐观型的孩子不够有耐心、不脚踏实地，试图培养他的耐心，在孩子试图放弃一项事物时，批评他："你真没耐性，这点时间都坚持不下来。"三番五次地这样做，孩子可能从此把自己定位成这样一个人，无意识地朝着这个方向发展，最终果然实现了成人的"愿望"。

常常会看到一些成人这样说自己：我特别没耐心，常常丢三落四——既然对自己的缺点这么清楚，为什么会无法改正呢？恐怕他在童年时就常常这样被大人批评，潜意识里已经把自己的人格定型了，觉得再怎么努力也没办法改变，于是也就放弃了改变的愿望。

对待那个冷静型的孩子，成人可能会担心他的兴趣不够广泛，接触新鲜事物的速度过慢，认为他是一个内向的、不愿与人交往的孩子，于是拼命地培养他广泛的兴趣，强迫他面对各种不愿面对的东西：钢琴、运动、书法、与陌生的小朋友交往等等，使他不能够按照自己的生命模式去研究身边的事物。所以，即使这样做了，孩子也不一定能被培养成为乐观型孩子。

如果孩子都能按照自己的状态发展，并能获得良好帮助的话，他们每个人都会成为有利于社会，有利于别人的人。社会是复杂多样的，需要各种各样的人来服务于社会。所以，孩子都应该成为他自己，而不是别人。

怎样比较孩子，发现问题

对孩子的发展状态进行比较是有必要的，但我们只能用孩子的前一阶段和现在比较，而不能将这个孩子与那个孩子比较；只能用孩子的个体发展水平与普通发展水平比较，而不能挑出孩子发展缓慢的部分与其他孩子发展快的部分比较。

比如，我们面对一个明显有发展问题的孩子，她四岁了还不会说话，无法了解他人的指令，无法感受群体的兴趣并做出判断是否进入群体。发现这些现象的时候，我们就要与普通四岁孩子的发展水平比较，找出这个孩子有哪些项低于普通水平，低多少，以此判断这个孩子是不是出现了发展障碍。

再如，一个四岁的孩子大脑中已经积存了许多事物的表象，当你说起春天时，他会说："对，春天的时候树叶就发芽了。迎春花是先开的，小燕子也会飞回来。"这个孩子利用这几个表象来说明春天，把积存在大脑中的表象创造性地运用到对春天的表达上。我们知道普通的四岁孩子都能达到这样的水平，而上面提到的这个有问题的孩子可能在你说起春天的时候说："爷爷有一次买豆腐，豆腐掉到地上了，酱油是黑色的，米饭扣在桌子上是圆的，闫老师上火车的时候哭了。"她的大脑中也积存了很多表象，但她所使用的四个表象与春天毫无关系。她不能在大脑中搜集出与春天有关的表象创造性地使用它们。那么这个四岁的孩子比起普通孩子来说，在这个方面发展是滞后的，需要找专家帮助。

正确评价自己的孩子

每一个做父母的都懂得"正确评价孩子"这句话，要想真正做到却并不容易。

我们可以从两个方面进行：

1. 你对孩子感到欣慰的方面有哪些？

2. 你对孩子感到担忧的方面有哪些？

一般家长被问到这两个问题时，总是回答不上来。他们无法将自己对孩子的爱和担心归纳成条款。爱实在是无法归纳成条款的，但成人对孩子的发展需要观察，观察之后应该做个总结。这样会使我们发现将来对他们人格发展有益的因素，从而给以赏识，被赏识的部分就会发扬光大。对担忧的部分则要默默地帮助，使他将这些问题在不知不觉中减到最少。

多数家长在孩子三岁之前都是令人欣慰的评价，三岁之后，令人担忧的方面逐渐增多。如果家庭成员复杂，评价意见又不统一，成人就有必要坐下来，统一对孩子的看法。这样可以避免针对同一个现象有的人认为是该夸奖的，有的人认为是该批评的，使孩子感到迷茫，进而出现人格不同一现象。还有一些情况是，当你将两方面的内容列出之后，发现感到担忧的问题正好是由于感到欣慰的方面造成的。

比如这位家长对自己孩子的评价表：

欣慰的方面：

懂道理——当他要做的事大人不同意时，给他讲讲道理，就不再做了。

体贴人——妈妈有时下班回来累了，孩子会问："妈妈你怎么了，是不是不高兴?"如果妈妈说累了，孩子就赶快说："妈妈你快坐下休息吧。"这时都会感到心里很温暖。

乖——从来不惹事，不会使家长担心，不去做那些危险的事。

聪明——走过的路就能记住，能认识很多车的牌子，儿歌读几遍就能背下来。

担忧的方面：

胆小——和其他小朋友在一起的时候，总是不敢主动上前找小朋友玩。别人抢他的东西，只是哭，有时候只是默默地看着别人把他的东西抢走。

特别粘妈妈——只要妈妈下班在家，就紧紧贴在妈妈身边不愿意离开。

不愿意自己玩——总是要大人陪他玩。

这个例子中，孩子为什么会懂道理，因为大人的话而放弃自己的工作？一种可能是家长在讲道理时的氛围非常令人紧张、不舒服，这种氛围使孩子放弃了所做的事。另一种可能是，家长讲道理时脸色没有以往那么和蔼，使孩子感到害怕，所以放弃。长期这样做，孩子就会感到父母有时候和蔼可亲，有时候莫名其妙地变得很可怕，因为不想让家长变成自己不喜欢的样子，就会巴结家长。

第二条是孩子非常体贴大人。其实孩子这时正处于自主敏感期，只知道自己的想法和实现自己的愿望，他们无法换位体谅别人，也没有成人那样疲劳和生气的经验，不懂得出现这种状况时的心理感受，一般无法体谅别人。如果一个三岁的孩子出现“体谅别人”的情况，一定是训练出来的。他感觉到生存的威胁，这个威胁来自于父母的态度，把发展的力量用在了时时观察别人的脸色，不能忘我地进行思考和探索。

我们常说“棍棒之下出孝子”，这样的孝子又有几个？即便非常孝顺，也会一辈子在心理上停留在惧怕父母的状态，而不能真正享受父母与儿女之间的和谐情感。

这位家长对孩子感到欣慰的地方，从发展的角度来看，正是要感到担忧的。

第三条——乖。在传统教育中，成人都希望孩子乖。所谓的乖，就是成人说什么就做什么，不让做什么就不做，这样他就失去了自己。

正是由于孩子具备了这条让家长满意的地方，才会造成令家人担忧的第一条——胆小。三岁的孩子那样地体贴家长，大多是因为家长当着孩子面经常吵架，或经常向孩子发火。孩子通过家长认识人类，觉得别人也会像父母那样突然变得可怕起来，所以不敢放松地和别人交往。孩子既然乖了，就不敢探索，使得内心非常空乏苍白，缺乏热情。由于对环境的敏感，他们会专注于曾注意过的事物，所以一般记忆力都非常好，但记忆力好不能算是聪明。人的生存需要的是智慧，而智慧是发现问题与解决问题的能力，是对环境的适应力，而不仅是记忆力。

所以评价孩子对每对父母来说都是要学习的课题。家长的目光是阳光也是镰刀，一定要用好，这样，孩子才能茁壮成长。

第二节　三岁看大——怎么看

人的一部分能力与先天遗传有关。评价孩子时，首先要看清上天给他的专长是什么。应该怎样帮助他发挥专长。之后，要检查的是帮助的效果如何，帮助得对不对，这些都会在孩子的行为中显现出来。

对上面那份评价表中的孩子做一段时间的调整之后，我们可以从发展的角度出发，重新列出令成人欣慰与担忧的方面——

欣慰的方面

1. 孩子能够坚持自己的原则，当他要做的事与成人的要求发生冲突时，能够据理力争，坚持自己的主见。

2. 孩子从不在乎周围人的看法和评论，成人的批评不会改变他的工作方法，每天忙于自己的探索。

3. 成人越不让他做的事，他越感兴趣，千方百计地要试探。我们必须通过多次的行为过程才能控制他对危险事物的探索。

4. 发现孩子非常有智慧，小区里一个大个子的小孩抢了他的东西，他没有试图自己上去抢，而是跑去找妈妈，请求妈妈的帮助。如果那个孩子跟他的年龄、个头一样大，他就会紧紧地抓住自己的东西不松手，有时会把自己的东西抢回来。

担忧的方面

1. 孩子每天工作时间太久，担心孩子太累。

2. 孩子吃饭太多，担心体重超标。

3. 孩子探索范围太广，担心家长照顾不过来，会有危险。

如果父母能够做出这样评价，说明他们非常懂得自己的孩子，养育的目的非常清晰。也可以看出父母是无私的，评价孩子是为了孩子获得良好的发展，而不是站在自己的立场上。

每个孩子天生就是一个学习者

成人应该信任孩子。这种信任是指相信任何一个孩子都是一个天生的学习者。孩子总会按照人的生命形式发展。对孩子的信任不只是相信他不会说谎。正好相反，智慧的发展到了一定的阶段，大多数孩子都会说谎。因为他们分不清自己利用大脑中表象进行的创造工作与真实事情之间的差别。这也是一种学习过程。

如：一个三岁的孩子回家告诉妈妈：我今天被另外一个孩子推倒了。妈妈听说幼儿园的孩子有推人的行为，于是非常生气地去找老师。而老师却告诉她，今天那个被认为推了人的小朋友根本没有来。

实际上，那个小朋友曾经推人并受到老师批评的印象留在孩子的大脑中。这一天，那个小孩没有来，孩子有可能在大脑中将推人事件加以重新整理，并将那个被推倒的小孩替换成了自己，于是回家那样说。这种情况下，即使孩子说谎，我们也要信任孩子，我们信任的是他的发展，他已经在利用大脑工作了。某一天，当孩子发现自己大脑中所呈现出的景象并非真正的现实，也就发现了自己的想象，整个过程就是一个学习的过程。只要环境是丰富的，孩子就会利用环境自我学习，所以我们说孩子天生就是一个学习者。

让孩子在书香中成长

成人都期望书香陪伴孩子成长，但选择童书、讲解童书同样有一些要注意的地方：

1. 选书

要选适合孩子年龄，图文优美的童书，要避免过于暴力的情节一再出现。

2. 尊重孩子的意愿，讲那些孩子喜欢的故事

在讲故事时要语调平和，不要用夸张、煽情、矫揉造作的语气，

更不提倡用录音机播放别人录好的故事。从出生起，爸爸妈妈的声音就是孩子的安慰，孩子在睡前听故事，不光是故事吸引孩子，父母的声音也让孩子感到无限幸福，录音机是不具备这个功能的。

3. 与孩子一起读书

实际上成人和孩子一起读书，不只是将故事读给孩子，更多的是用读书营造一种温馨美好充满书香的氛围。这种氛围会留在孩子的潜意识中，使孩子将来也会将读书当成休息和享受。

4. 避免说教

在阅读时尽量不要用书上的内容来教育孩子，使孩子不能感受到阅读的幸福而把读书当成受训，从而对读书产生抵触情绪。

5. 避免考问

在阅读时不要用书上的内容考问孩子，如果孩子提出问题，就停下来自然地和孩子讨论，如果孩子提出质疑或与书中不同的方案，就快乐地去欣赏孩子。这是孩子真正进入创造的状态，因为书也是人创造的，作者的智慧会激起孩子的创造热情。这就是灵感的火花。条件允许的话，应该用纸笔将孩子的想法记录下来，并装订成册，成为孩子自己创造的书。这样孩子就养成读书和写作的习惯。孩子的书就是孩子智慧的结晶。人类所有的书籍都是这样产生的。

三岁的孩子是怎样学习的

三岁前的孩子，是利用肢体的每一个细胞学习的。在成长阶段的某个时间范围内，他们会被环境中某一项事物的特质吸引，拒绝接受其他特征的事物。他们模仿眼睛能看到的动态事物，模仿所喜爱人的表情和动作，利用身边物质玩耍（工作），从而掌握了事物的特质。

孩子通过一个个的敏感期来探索不同事物，并学习到有关人类生存的相关知识，提高各种能力。在敏感期内，孩子不需特定的理由就会对某种行为产生强烈的兴趣，并不厌其烦地重复，一直到由于这种重复而突然爆发出某种新的机能为止。这段时间内，孩子所表现出的内在活力与快乐，正是根源于与外在世界接触的强烈要求。孩子对环境的喜爱，并不仅仅是一种情绪上的反应，也是一种理性和精神上的意欲，迫使他们与环境发生接触。

如果孩子在某一个敏感时期的兴趣遭受妨碍而无法发展，就会永远丧失以自然的方式克服环境的机会，导致精神方面的发展受到阻碍。因此，只要孩子的敏感期一出现，我们便应该立即帮助他。

成人无法直接帮助孩子形成自己，因为那是自然而成的工作；但是成人必须懂得细心地尊重这个目标的实现，也就是提供孩子形成自己所必要的而他自己却无法取得的材料。

孩子的学习不是通过思考后按照计划进行的。他的生命现象本身就是学习。蒙特梭利从观察中得知，孩子生活的敏感期与以下几种现象有关：对环境中秩序的需求，双手与舌头的运用，走路的发展，被微小精细的东西所吸引，以及有时会发生强烈的社会性兴趣。

中午，小班的孩子陆陆续续地起床了，我和小厉老师开始抬床，孩子们自己穿衣服。过了一会儿，了了走到我面前说："大张，我的胳膊伸不进去了。"我低头一看，呵呵，差点没乐死，原来了了把衣服的领口穿在了腰间，把衣服底边套在脖子上面，有一条胳膊很费劲地穿了进去，另一条无论怎么努力都伸不进去。她大概尝试了好几次都没有成功，所以来请我帮助。

我蹲下身来，笑着对了了说："哇，了了，你好厉害啊，这样也能把衣服穿上！但是……我们还可以这样来穿。"

说完，我帮了了脱下衣服，正确地穿上了。

之后，了了并没像其他孩子那样直奔阅览区看书，而是来到小阳阳面前帮他穿衣服。阳阳有些不理解，眼神疑惑地看着了了。了了说："了了帮你穿衣服吧？"阳阳点了点头，顺从地任由了了摆弄。在往上套衣袖时，由于用力过大，阳阳叫了一声。了了慌忙安慰："没事儿，没事儿，快好了。"边说边将阳阳的胳膊往下一拉，阳阳便哭了起来。

我走过去说："了了好样的，能帮阳阳穿衣服了。老师给你做个示范——袖子可以这样穿。"我做了示范，之后，了了照我的示范又做了一次，一举成功！

穿好衣服的阳阳这时止住了哭泣，和了了对视了一下，同时笑了。

这个故事告诉我们——孩子看到的事物必须经过个人的体验才能发现问题，问题解决后孩子就会获得经验，这就是孩子为什么要用行为学习的缘由。大张老师在肯定和鼓励的前提下，给予孩子恰当指导的做法是对的。当孩子再试一次取得成功时，他就会品尝到成功所带来的喜悦，从而更进一步地肯定自己，使他在以后的生活和学习中更有信心地去实践。

好的教育总是给孩子提供使用知识和体验知识的机会，给孩子留足解决问题的时间。大张老师在这个事件中先鼓励了了，对她所做的事情表示欣赏，又不多不少地为了了解决了一下困难，在了了体验到困难之后为她演示了正确的做法。了了将大张老师演示的技术与自己的经验组织到一起，使她的“穿衣服能力”得到提升。当然，所提升的，不仅仅是“穿衣能力”这一点了。

三岁孩子的主要任务

三岁孩子发展的主要任务有以下这些：

获得工作的热情，发现工作能够使自己愉悦并无意识地重复工作；

在环境中能够自主发现工作目标和工作材料，沉入到工作中；

将语言与自己大脑中的表象配对，形成事物概念；

能独立工作和解决问题，不再以婴儿自居；

有追求独立的强烈需求，不再只需要别人的照顾；

有追求自由的强烈愿望，一个需要别人伺候的人，一定不是自由的人；

逐渐开始成长起意志力，有了选择事物的能力，并有一定的判断力；

开始发现原则，并且遵守原则；

有明显的敏感期特征。

【附　录】

家长常见问题集中答疑

一、问：孩子总是不好好吃饭，每一顿都要追着喂。看着邻居家的孩子长得又高又壮，我们全家既羡慕又着急，怎么才能让孩子好好吃饭呢？

答：孩子的成长有一个共同的机制。比如人一出生就要吃，先用吮吸的方式解决吃的问题；六个月以后开始吃一点别的食物；九个月开始自己扒着吃；十二个月开始模仿着使用成人的饮食工具；十八个月时已经能自己吃饭了。

在这个共性之下的个性是吃的多或少（这个差别太大了），吃的样子和时间也会有差别，这是我们无法改变的，所以，不必在这方面努力。当然，这方面的“少”或“慢”等，也可能有成人养育不当所造成的问题。

不当的方法：

1. 孩子不想吃了硬逼他吃。

2. 生怕孩子吃不饱，不好好吃，一到吃东西时家里就气氛紧张。

3. 太想让孩子摄入某一种营养，费尽心机想尽办法，使孩子发现一到吃东西时大人就变得不对劲，于是产生恐惧，心情紧张，就是吃了也不会吸收。

4. 不让孩子自己吃饭，使孩子无法获得吃的乐趣。

5. 孩子不吃饭时，父母很生气，孩子由于害怕成人的威严而吃饭，从而使吃饭成为一件痛苦的事情。

正确的方法：

1. 不要与别人的孩子比任何吃方面的事情，去感觉自己孩子的需求，并做出恰当的反应。

2. 饿了再吃，渴了再喝，或两岁之后培养定点吃饭的习惯。

3. 在和孩子一起吃饭时，将美好的吃饭形象展示给孩子，如不挑食，吃得很香，由衷的赞美等。

4. 所有的动物，只要没有体质病变，都不会饿死自己，所以不必紧张，如果孩子快饿倒了还是不吃，那说明在心理上对吃饭有了障碍了，最好不出现这样的情况。

5. 将每一种饭菜都做得很有营养，若想让孩子吃哪个，就将哪个放在可爱别致的器皿里，并且你也吃得很香，而不劝孩子。

6. 一定要相信苍天让孩子最先想要的就是吃。你只需要将食物提供给他，吃的事情必须要由他自己来做。

二、问：孩子不爱喝水，每次喝水都要不停提醒，他才会喝一两口。都说多喝水对身体有好处，可他就是不喜欢怎么办？

答：的确，有些书上说等渴了再喝就晚了，但上帝制造了渴的独特感觉，如果我们从来不知道渴是什么感觉，从来没有渴过，就失去了将“渴的感觉”与“喝的行为”联系起来的机能。

不论大人还是孩子，都需要喝水。两岁之前，成人如果能够将孩子的“渴水需求”感觉出来并与“水”配对，之后，只要在孩子的活动范围内提供饮水，或适时提供孩子自由选择的机会，孩子应该不会有“喝水问题”。

可能出现的问题有：

1. 担心孩子不喝——给水里加进各种有味道的东西，使孩子对水的味道要求越来越高。

2. 生怕孩子缺水——机械地、无时无刻地给孩子塞水，强迫孩子喝，使孩子从心理上拒绝喝水。

3. 觉得喝水是一项重要事情——一到要求孩子喝水时就表情严肃，口气坚决，孩子只好应付差事，碰一下即可，从而造成真正缺水。

4. 给孩子介绍各种饮料——使孩子对其产生兴趣，然后又开始控制喝饮料，造成孩子对饮料的更大需求。

5. 无论在什么时候，孩子一张嘴就将水杯或水瓶对着孩子嘴灌上一口——使孩子不但无法获得饮水的快感，反而讨厌所有的饮水器皿，从而造成“厌水”结果。

正确方法：

1. 两岁前按时喂水，加点钙之类是可以的，但最好是白开水。

2. 两岁之后可以在孩子可能渴了时建议喝水，喝与不喝由孩子选择。

3. 两岁半之后将水放在孩子能拿到的地方，由他自己来喝，不用去管。

4. 不要用任何饮料刺激孩子，维生素可以通过吃水果等方式解决；四岁之后由孩子自己选择，但有个前提，只提供纯果汁或牛奶供孩子选择。

三、问：孩子已经两岁了，但每次给他端尿的时候他就是不尿，然后过了一会儿就尿到了裤子上，每天至少要给他换洗五六条裤子。想大便的时候他也不作声，有时候会把大便糊得一身都是，家人不胜其烦，请问孩子什么时候才能大小便自理呢？

答：不知为什么，我们父辈最早想让孩子做到的是大小便自理，但专家们发现，成人在训练孩子大小便时所付出的大量时间和精力并没有达到理想的结果。尽管这些成人从孩子三个月开始就开始把尿，或者很早就让孩子每天多次地坐在便盆上大小便，但这些孩子并不比没有经过这种训练的孩子能够更早地学会大小便自理。专家认为家长应该等到孩子向他们表现出自己能够大小便时，才对孩子进行大小便训练。

可能由成人造成的问题：

1. 由于成人存在着自己人生经验中对大小便排在被子和衣物上的恐惧，又把这种恐惧传递给孩子，让孩子将自己的排便与恐惧联系起来。

2. 对孩子的排便姿势横加评论、大惊小怪，刺激孩子注意排便，使孩子把排便当成了一种不自然的事情，有排便需求时便不知所措。

3. 把便——给孩子造成不自然的努力。

4. 在收拾孩子便溺物时表示厌烦，或表达有臭味之类的不愉悦情绪（包括玩笑，因为孩子不懂得开玩笑，会当成真的），使孩子担心自己的排泄物影响了他人，从而造成不自然排便。

5. 不停地问孩子要不要排便，造成他们紧张，致使“排空感”和“排泄感”之间的紊乱。这是造成固执尿裤、拉裤的重要原因。

6. 只教孩子排便行为，不做示范，使孩子觉得自己很笨，学不会。

7. 帮助孩子排便时不注意场合，造成孩子的羞愧心理。

正确方法：

1. 孩子两岁左右开始做示范，唤醒孩子大小便的自主意识。

2. 注意观察孩子对便溺器皿的兴趣，不能强迫孩子使用感到恐惧或不喜欢的器皿。

3. 不要给孩子穿带扣子、拉链、背带的裤子。

4. 每次帮助孩子发现把裤子提起来的技巧。

5. 对孩子的任何排便方式和行为都不要指责，只为他演示正确方法，和他一起上厕所。因为孩子学习大小便自理需要可模仿的对象。

6. 注意孩子使用什么方式告诉你他要大小便，并及时帮助他。不要在他不需要排便的时候催他排泄。

四、问：我孩子已经五岁了，白天都挺好，就是晚上睡觉的时候总是尿床，尿湿了不舒服也不知道告诉大人，也不会自己爬起来去厕所，这怎么办呢？

答：专门做这方面研究的专家发现，孩子只有白天能控制自己的大小便，才能在夜间控制住自己大小便，50％的孩子要到第四年才能不尿床，10％以上的三到六岁的孩子在夜间有时会尿床，这类现象男孩子多于女孩子。还有一类情况，就是遗传性尿床，这不是通过我们的努力能够改变的。

可能由成人造成的问题：

1. 不停地问孩子有没有尿，造成感觉紊乱。

2. 尿裤或尿床后成人的严肃态度，造成孩子的自卑和紧张。

3. 态度强烈地使孩子认识自己所“犯”的“错误”，让他去摸自己尿的床，或反复强调有尿告诉妈妈，造成孩子的紧张与失败感。

4. 天气阴冷多喝水后，孩子尿会多，有时多得令我们吃惊，而我们真的就表示吃惊了。这使孩子不知道在自己身上发生了什么与以往不一样的事儿，觉得自己的尿跟往常不一样了，导致自然心态丧失。

正确的方法：

1. 不过分注意。

2. 不提醒。

3. 注意观察发现孩子独特的排尿“语言”，用惯用的方式去帮助他。

4. 无论孩子用什么方式都不要表示惊诧。

5. 给孩子做示范。

6. 让孩子自然撒尿，平静地告诉孩子尿床后我们要做的事。

7. 接受孩子会尿床、尿裤的事实。

五、问：宝宝究竟多大上幼儿园才合适？我想早点送，可是家里人说要到三岁。入园有年龄要求吗？

答：孩子早送还是晚送幼儿园，要看所送的幼儿园是学习文化课的，还是给孩子充分玩耍的，家里的环境是对孩子有利的还是不利的。如果遇到家里成长环境不好，幼儿园好，就早点送。如果遇到幼儿园不好，家里成长环境好，就晚点送。大体来说，三岁是一个合适的年龄。

六、问：我家宝宝去年秋季入园，入园基本比较顺利，但最近似乎分离焦虑慢慢表现出来，早上入园时哭闹，抗拒。想请问一下像这种入园顺利而后出现反复的情况有什么需要特别注意的吗？有什么好办法能帮助孩子顺利度过这个时期呢？

答：孩子刚开始入幼儿园的时候没有比较，心智也还没有那么成熟，上了一段时间幼儿园后，阅历丰富起来，能够辨别在怎样的状态下会更加舒服。当因为生病或者旅游，有一段时间孩子没有去幼儿园时，再送，孩子就会感到非常痛苦。这时，虽然孩子也在哭，但是比起第一次入园，哭的时间要短得多，只要家长坚定，孩子就会很快度过的。

七、问：一提上幼儿园，孩子就哭闹，我看着也心疼，又不能不去，我好烦恼。老师有什么建议么？

答：了解一下孩子上的幼儿园，课程是什么样子，是不是适合孩子。如果幼儿园是一个不适合孩子发展的幼儿园，孩子会感到特别痛苦。如果幼儿园是一个能够帮助孩子发展的地方，你会看到，孩子虽然早晨离开家长的时候会哭，但是放学的时候却不愿意离开幼儿园。你会看到孩子的精神状态一天天地舒展开来。

八、问：我的宝宝快两岁了，平时就很娇气，这样的孩子送到托班合适吗？补充说明一下，吃个午饭，都得追着喂，大概三小时才能完成。老师肯定不会管吧。

答：已经把孩子养娇气了，这对他的发展会造成很大的阻碍，如果家长为了孩子好，还是选一个好幼儿园送进去吧。就只追着喂饭这一点，应该改变了，否则，会给你孩子带来严重的心理厌食，将来的学习和工作也不会好。幼儿园的老师应该有能力解决孩子这些问题，但不是威胁和让孩子受罪。

九、问：把孩子送去上幼儿园的时候，孩子就去，也不哭闹，就是半个月生病一次，我们尽量给孩子提高免疫力，让他吃得好一

些，运动一下，但孩子还是容易生病，真是让我们头疼。

答：生病、恢复的过程就是提高免疫力的过程，不要给孩子吃提高免疫力的东西，那样孩子自身的免疫力没有机会成长，这是在害孩子，就像我们替孩子做事，最后我们变得很有能力，而孩子变得很无能一样。孩子在入园的前半年，是很容易生病的，在家保护得越好的孩子，病得会越多，这说明孩子更需要锻炼。

十、问：我家妞妞内向、不爱说话，到了幼儿园没有小朋友一起玩怎么办，会不会被其他孩子欺负？

答：这说明孩子养育环境过于单纯，在上幼儿园之前，太少与同龄孩子亲密玩耍的机会，这样的孩子很难融入群体。家长能做的是，请班里比你的孩子性格开朗，又很会玩的孩子到家里去做客，连续请两三周之后，再到别人家去做客。你的孩子慢慢会被别的孩子引领着进入群体。

十一、问：儿子今年中班了，特别活泼好动精力旺盛，晚上十点关灯躺下后，他可以翻来覆去一个多小时才睡着，我担心他睡眠时间不足的同时，每天还搞得自己筋疲力尽，有什么办法能让孩子尽快入睡吗？

答：大部分父母会在睡眠问题上与孩子不断地斗争。但大多数孩子会阶段性地出现睡眠时间不如家长意愿的问题，从而给家长造成情绪上的困扰。

首先大家要明白，睡眠状态，像儿童在其他方面发展一样，是有阶段性的。

如：出生后四周内，孩子大概每隔二到四个小时睡一次觉，后来，孩子的睡眠会越来越有规律，三个月后，孩子显示在睡眠上的个性差别就会越来越大。不同的孩子有着不同的睡眠时间和习惯，这些时间不会突然增加或减少（个别特殊活动造成的疲劳除外）。所以，一个孩子睡眠时间是十二个小时，如果白天睡了三个小时，晚上就只能睡九小时；如果晚上七点上床，早晨四点就睡不着了；如果晚上十点上床，早上七点就会醒来；如果晚上十二点上床，第二天就会睡到九点才醒——这也不是通过我们的努力能解决的。

可能由成人造成的问题：

1. 想早点哄孩子睡觉，自己好做点自己的事，孩子还不困，就催孩子上床。孩子识破了父母的意图后，开始无意识抗拒。长此下去，便恶性循环，发生拖延上床的情形。

2. 睡前和孩子做兴奋互动，没有给孩子留下足够平静的时间。到了睡觉时，孩子仍然处于兴奋状态，家长却急于使他平静下来，反而会更加刺激这种兴奋情绪，导致剑拔弩张，使孩子把快乐情绪的破坏归罪于睡觉，而对睡觉逆反。

3. 没有计算好时间，孩子早早醒来，家长很不耐烦，采用不当的方式或语言，使孩子讨厌睡觉。

4. 睡觉前仪式不固定，人员不固定，使孩子没有安全感。

正确的方法：

1. 放松，按正常的时间要求孩子上床。态度要坚决，给孩子养成按时睡眠的习惯。如果你白天离开孩子去工作，晚上的时间就要全给孩子，这样才公平。

2. 由爸爸早点与孩子兴奋互动，妈妈准备。提前一小时停止兴奋游戏，孩子平静后，由妈妈做睡前活动。

3. 孩子半夜醒来不睡，一定不要烦躁，家人可以轮换陪孩子玩。如果孩子半夜哭，不要由于怕邻居不高兴而情绪不好，第二天与邻居沟通，取得谅解。白天想法调解孩子的睡眠时间，14 天之后会调节过来。

4. 无论多烦孩子半夜醒来，你的脾气以及恐吓，都不能真正地解决问题。如果孩子被吓睡了，那么以后所造成的心理问题要比现在的睡觉问题难办得多，因为这会阻碍孩子的心智发展。

5. 请固定睡前仪式和人员，这很重要，如果换人接替时，一定要将方式传授给接班的人。

6. 和宝宝睡在一张床上是非常人性的，成人只要在睡觉前不喝酒、不吃安眠药，宝宝与你同睡就是安全的，这样，宝宝将来会更坚强。

7. 噩梦和梦惊不一定是教育有问题，也不一定是白天受了挫折。白天的兴奋也会导致这种情形的发生，不会给孩子的发育造成影响。这种情况在孩子四到五岁时比较常见。在这种情况下，不要用强硬的方式试图喊醒孩子，只给予爱抚和等待即可。

8. 如果噩梦和梦惊一周出现几次，说明孩子生活中出了问题，要去找专业人员咨询解决了。

9. 安全感建立很好的孩子不会害怕与父母分离，四岁可以分床睡了，但要视不同孩子的具体情况而定。将小床放在父母卧室中是必要的过渡。

10. 要理解和支持孩子在过渡期间依恋所需物品及相关行为，因为这些物品在孩子那里会被当做母亲的替代品，是独立意识发展的过渡。

十二、问：女儿有个很好的朋友，也是快六岁了。两个孩子平

时一起玩、一起上学、一起放学坐班车，我有事的话，女儿会去她家玩儿，等到我接她。每天放学都要在一起待一段时间。但是，两个孩子之间的矛盾也很明显。女儿回家会抱怨那个女孩今天撒谎了、骂人了、作业没做对……老师也反映两个孩子经常互相告状。这种情况该如何处理？

答：孩子只要和孩子在一起，就像成人和成人在一起一样，不会都是和睦相处的。她们会因为各种问题发生冲突，正是在这种冲突中，儿童获得了对他人的认知。在孩子成长的所有能力中，社会性能力是最重要的。一个没有知识的孩子，只要有良好的社会性能力，她就会活得如鱼得水；而一个装了一肚子的知识，却没有社会性能力的孩子，她的知识也无处可用，更容易产生自卑、不自信。孩子在一起，发生冲突而吵架，正是社会性认知方式。

当两个孩子发生了冲突，或者一个孩子通过揭对方的短、看对方不好的地方表述自己的不满时，我们成人的立场是什么？你想使你的孩子成为一个什么样的人？是一个只看到别人缺陷的人，还是能看到别人美好地方的人。如果我们习惯只看别人的缺陷，我们就像吸进了毒气，会伤害自己的身体。所以当孩了在家长面前表述朋友怎么怎么不好时，家长应该让孩子了解那个孩子为什么不好，她需要什么样的帮助，鼓励你的孩子去帮助那个孩子克服缺陷，而不是鄙视她。对待孩子这样的行为，也不可以直接对自己的孩子说："你要看她的长处，不要看她的短处。"这样的说教对成人没用，对孩子也一样没用。

十三、问：儿子四岁，只要在陌生的地方就有点胆小。开始我从自身找原因，但是从接触到"爱和自由"的理念之后，我和老公

做的还算可以。后来，我想应该是我弟弟的问题：我跟我父母还有弟弟住在一起，我弟和我因为孩子的教育问题吵过架。从那以后，我弟弟对孩子就不闻不问，把孩子和我当成空气一样。弟弟是个比较严肃的人，孩子以前就害怕舅舅，现在这样了，我想对孩子是有影响的。我跟弟弟发过电邮沟通这件事，但是他不理会，我也知道搬出去是我最好的选择，但可能要到明年。这对孩子有影响吗？怎样才能把对孩子的伤害降到最低？

答：在陌生地方，胆小是孩子自我保护机制带来的正常现象。如果不是在任何地方都表现出胆小、害怕，那就没有问题。一般来说，家长如果没有过分地保护，孩子不会因为一两次成人的吵架就变得胆小。所以从胆小的方面来说，对孩子影响最大的是面对冲突的时候父母的态度，是让孩子觉得可怕的那件事情。另外，成人当然要避免当着孩子的面和身边的人争吵，如果已经发生了，成人能做的就是忽视它，而不是天天盯着孩子，关注孩子是不是受到伤害了。这种二次伤害比一次伤害要严重得多。

十四、问：女儿四岁半，上中班。三岁半之前一直跟奶奶住在农村，三岁半之后搬到城里来住，一直到最近一周之前都是跟着奶奶睡。这一周哄着跟妈妈睡，刚一开始会哭着去找奶奶，躺下后又会爬起来找妈妈。我的问题是：孩子好像特别的胆小，在家里不敢单独待在卧室里，也不敢自己上洗手间。有时候自己坐着玩，会忽然爬起来扑到妈妈怀里。经常会问世界上有没有鬼怪，说了没有，可是好像不相信的样子。怎么才能让孩子相信世界上没有鬼，让孩子变勇敢一些？

答：孩子从出生到三岁这段时间，建立了可以供一生使用的心智模式，在这个心智模式中，谁搂着她睡觉，谁就基本成为了她灵魂中的妈妈，不管她称呼那个人什么，那个人都是她心里的妈妈。这叫作“灵魂的连接”。孩子三岁之后，不如让孩子自己睡。因为孩子对自己妈妈身体的气息是不熟悉的，在她放松和无意识的状态，她要和那个气息熟悉的人在一起才能安稳入睡。

一般三岁半的孩子，还不能了解鬼怪的真正意义，很多由老人带的孩子会害怕各种各样的东西，而变得不敢探索，使孩子不敢放松地去接纳周围的环境和建构自己。家长能做的，是尽可能展现出放松和洒脱的氛围，让孩子觉得她害怕的东西实际上对她没有伤害，千万不要对孩子说，那没有什么可怕的，哪里有鬼。这等于在嘲笑孩子的恐惧，这使孩子感到害怕的同时，还会感到自卑，并且对自我价值产生疑惑。最好和孩子一起面对鬼怪，战胜它。在这个战胜的过程中，孩子会和妈妈建立深厚的感情。

十五、问：男孩四岁，爱咬指甲，只要没有吸引他的游戏就咬，特别是睡觉之前特爱咬，咬到指甲都没了，我可以用什么办法帮助他呢？

答：孩子咬指甲，如果以前不咬，突然开始咬，有可能是环境出现了变故，或者有人突然对他表现出了恶劣态度造成的。如果一直以来就咬指甲，就是断奶后没有解决好工作（也就是游戏）的问题。在不影响孩子工作的情况下，不用在意。如果只啃指甲，不做事情，可以每次在他啃的时候，拉他去做事。如果在做事情的时候，他停下来啃手指头，就直接把他的手从嘴里拿出来，表情平和地和他一起，设法将工作进行下去。坚持两个月，基本就能解决。如果只是睡觉前啃一啃手指甲，我认为没有问题。

十六、问：看到公园里几个三四岁的孩子模仿奥特曼、铠甲勇士一类的动漫人物，没有肢体上的接触，就是嘴里会念叨“变身”，模仿动画里的动作，然后互相追赶。如果自己孩子（两岁，男孩）也想参与进去该怎么引导？是阻止他玩这类游戏，还是顺其自然只要不伤害别人、自己也不受到伤害就可以？玩这类游戏对孩子心理有负面影响吗？

答：在公园里孩子看到其他孩子在玩耍，他会跟着模仿，这是一件好事，说明你孩子的“亲社会”的本能没有被破坏。只要你的孩子没有看不良的动画片，孩子说一下“奥特曼”，或者说一下“铠甲变身”这些词对他没有多大的影响，可以不用管。